U0919801

IT'S OK,
I BELIEVE YOU

괜찮아, 엄마는 널 믿어

没关系，妈妈相信你

[韩] 金玟暻 洪晟豪 / 著
姜龙极 / 译

江苏文艺出版社
JIANGSU LITERATURE AND ART PUBLISHING HOUSE

目录

contents

没关系，妈妈相信你

[韩] 金玟暻 洪晟豪 / 著
姜龙极 / 译

江苏文艺出版社
JIANGSU LITERATURE AND ART PUBLISHING HOUSE

目录

contents

02 第二章 成为孩子最好的教练

03 第三章 教练妈妈，You can do it!

04 第四章 倒数第一的完美逆袭

前言
PREFACE

父母的信任，影响孩子的一生

韩国父母最关心的事情是什么？备选项或许会包括住房、理财、事业等很多方面。不过，我相信绝大多数人会选择“孩子的教育”。每个月把半数以上的家庭收入用于子女教育，这在韩国国内已经司空见惯。然而，仔细观察大多数父母的教育方法后，我不禁心生疑惑，按照他们的方法究竟能不能将孩子培养好？在韩国的另一个“国民级”现象就是，很多父母都认为孩子们接受教育的地点只能是学校或补习班，而不应该是家。

从小学到高中的 12 年将会影响孩子的一生。这一点，很多父母都明白。可在当今社会，面对犹如洪水般繁多而迅猛的教育信息，大多数人都会茫然，毫无头绪，具有清晰教育哲学的父母越来越少。目前的教育政策还没有摆脱以考试成绩为主的模式，而大多数企业却将创意与成绩看得同等重要，对拥有领导才能和亲和力的人才更为渴求。这让夹在学校与社会中间的父母们感到无所适从。

恐怕这种外部环境最终会把韩国的父母们打造成超人，能想办法让孩子在高考中取得好成绩，又能培养孩子适合 21 世纪的各种素质，更重要的是能帮助孩子找到适合他们发挥的领域，面面俱到，直到孩子最终学有所成。

孩子们也要成为铁人，不管应试教育还是素质教育，一切照单全收。

倘若现实真像“种瓜得瓜，种豆得豆”那样，付出与收获成正比，那确实不用担心。可现状却是，父母们在培养孩子上费尽心机，孩子的成长却总是达不到父母的期望。为什么会这样？为什么孩子不懂父母的心？父母们每天都为了孩子心急火燎，现实却让他们无法接受。难道这一切真的都是孩子的错？我们做父母的难道没有做错什么吗？对于这个问题，我们需要认真去思考。

作为一个游戏中毒者，我的儿子晟豪一回到家就玩游戏，吃完饭继续玩！通宵达旦玩游戏也丝毫不觉得疲倦，真是个“神奇”的孩子。他的游戏水平毫无疑问是全校第一，学习成绩在高中一年级之前也是第一，不过是倒数的。当初，这个“游戏神童”动不动就向我抱怨不想上学，甚至拿着只得了20分的数学考卷都不脸红。可就是这个晟豪，后来成为延世大学（在韩国综合排名第二的著名高等学府）电子电气工程专业的一分子，甚至获得大学四年全额奖学金。奇迹般的逆转背后到底发生了什么？

我的儿时经历不堪回首。父亲是非常严厉的人，我们从没有进行过真正的交流。母亲的要求也很严格，成绩下降或犯错都会招致残酷的体罚，没有任何辩解的机会。“妈妈为什么这样对我？要是能慈祥地告诉我到底做错了什么，那该多好！”我甚至一度认为母亲是继母，因为邻居家的阿姨们对我非常温柔亲切，比母亲好得多。时至今日，我自然能体会母亲的一番苦心，可那些遭遇却令年幼的我伤心委屈，“妈妈为什么这样对我？”备受折磨的我甚至不止一次地想过自杀。

或许是过去痛苦的记忆一直萦绕在心头，当自己成为母亲、亲自培养孩子的时候，我既害怕又迷茫。我读了很多和教育有关的书，试图让孩子们从心底里觉得“我很幸福，因为有妈妈”，这是我最大的愿望。我一直在思考，孩子在拥有具体的梦想之前，是不是应该首先对父母满意？为此，身为父母的我需要去做什么？

纳撒尼尔·霍桑的小说《人面巨石》（*The Great Stone Face*）中，主人公欧内斯特从他的母亲那里听到一个传说：和人面巨石长得一模一样的人将会成为这个时代最伟大最高尚的人。从那时开始，他就把人面巨石当作老师，待人真诚，谦逊有礼，最终成为了像人面巨石一样的人。由此，我也要将孩子培养成那样的人。

有感于此，我认为父母首先要成为孩子眼中的“人面巨石”。只有这样，孩子的人生才会变得像“人面巨石”一样精彩。我为此制定了下面的目标：

1. 站在孩子的立场上看待问题。

2. 相信孩子！相信，相信，再相信！给予孩子绝对的信任！

3. 观察、喜欢并支持孩子的爱好！

4. 让孩子从错误和失败中吸取经验，就像爱迪生经历无数次失败后，最终发明电灯，改变人类历史一样。

5. 给孩子勇气和信心，告诉孩子：“You can do it!”

6. 让孩子始终明白“父母因你而骄傲”。

实际上，刚开始的时候，我也犯过很多错误。当孩子做得不好时，我甚至很难用“没关系，下次你肯定能做好”之类的话来安慰他们。也有很多时候，孩子们觉得我的话不可信，明明自己表现很差却被我称赞，他们会因此而感到羞愧，反过来责怪我。每当这个时候，我就会认真地告诉他们：

“你们就是最优秀的。犯一次错误又怎么样？不要紧！爱迪生和爱因斯坦曾经学习也很差。妈妈认为你们就是天才！”

听到我的话以后，孩子们会觉得很有趣，忍不住哈哈大笑。但不知不觉中，他们也逐渐相信自己是天才，越来越有自信。

直到现在，我还无法忘记晟豪的班主任在他高中三年级的时候打来的电话：

“晟豪的妈妈，您的孩子得了全校第一！”

那一刻，就像电影中的情节。那一天，晟豪对我和丈夫说：

“爸爸妈妈，谢谢你们在任何情况下都相信和支持我。当我想成为职业电竞选手的时候，你们允许我抽出时间练习；就算数学只考 20 分，你们也会对我说‘你是天才，肯定能学好’。真的非常感谢你们。今后，我会做得更好。”

从那天以后，晟豪更加努力，最终实现了自己的梦想！相信孩子，那么孩子必定不会让父母失望。晟豪的亲身经历验证了这个道理！白翎岛服兵役期间，他在给我们的信中写道：“爸爸妈妈，你们是我在这个世界最好的朋友，我爱你们！”其实，我们也要说声“谢谢”，晟豪帮助我们实现了成为好父母的梦想！

我一直相信孩子。相信，相信，再相信。这的确是一件非常困难的事情，但为了孩子，我一直努力去相信他。信任的种子最终结出了奇迹的果实。

家长们，我们要加油，去相信我们的孩子。父母的信任是对孩子成长最有帮助的养分。相信孩子不会让自己失望，这一点非常重要。孩子给父母带来的成就感将是任何东西都无法比拟的珍贵礼物。

爱表示“关心”和“尊重”，

爱是一种“责任心”，

爱是“理解”和“给予”。

——埃里希·弗洛姆

IT'S OK
I BELIEVE YOU

01
第一章

孩子学习差，妈妈怎么办？

晟豪全神贯注于游戏时不管喊他几次都听不见，即便通宵达旦也不觉得累。如果他将这种热情投入到其他事情上，肯定会得到很大的成就。我尽量让自己往积极的方面想，和孩子一起寻找适合他的道路，我认为这就是父母需要做的事情。就这样，我艰难的子女教育之旅开始了。

想过国王的生活，还是乞丐的生活

有一天，我和晟豪一个初中同学的母亲在路上巧遇。互致问候之后，我们自然而然地谈起孩子们的事情。听到晟豪的近况，她露出难以置信的表情。

“晟、晟豪考上了延世大学？还获得了奖学金？”

我对她的反应并不感到惊讶。对小时候的晟豪有印象的人，大部分都会有这样的反应。因为在高中之前，晟豪对学习完全没有兴趣。他在初中得过最后一名，还堂堂正正地拿着这样的成绩单给我看！因为对学习兴趣全无，就算成绩垫底，他也不觉得丢脸。高中之前，我还一直为送他去职业高中还是普通高中而苦恼。最后他勉强考上了普通高中。对那时候的晟豪有印象的人，通过惯性思维，自然会得出晟豪没考上大学或者只是在地方大学或者大专混日子的结论。

“晟豪不是不喜欢上学吗？”她露出难以理解的表情。

晟豪的确不喜欢上学。理由很简单，他讨厌学习。

有一件事让我印象深刻，那是在晟豪刚上初中不久。

“妈妈，我不想上学！”

背着书包刚刚走出家门的晟豪突然一屁股坐在地上，放声大哭。到底发生了什么？被老师批评？还是被同学欺负？我的头脑中瞬间闪过无数想法。晟豪自顾自地哭了一阵，终于将藏在内心的不满发泄出来。

“怎么能把宝贵的一天都浪费在学校里呢？我都没有时间玩游戏啦！”

“这孩子……”

对只喜欢电脑游戏的晟豪来说，学校生活明显不在他的快乐计划之内。

看到一脸委屈的晟豪就像快被拖进屠宰场的牛一样，我哭笑不得。其实，我也对强迫孩子上学的做法有点怀疑。既然不喜欢学习，强迫他上学会不会只带来负面效果？思虑再三，我决定给班主任打电话，为晟豪请一个星期的假。我想在这一个星期的时间里慢慢消除晟豪对学校的抵触情绪。我认为这一个星期的时间值得投资。况且地球即使少了一个上课的晟豪，不也一样会转嘛！

弗朗西斯·培根曾说过：“合理安排时间，就等于节约时间。”节约时间就意味着无条件地去珍惜，在给定的时间内尽可能去做最多的事情吗？当然不是。如果能够主动而合理地安排时间，节约的概念也会变得不同。对学生而言，一个星期的时间就像千金一样宝贵，但如果无心学习，这段时间会像在地狱一般痛苦难熬。相反，如果自己做出选择并对此负责，即便只是去玩，也不算浪费时间。与坐在教室里像听天书一样听课、在枯燥和无聊中度过每一天相比，玩其实也等于节省时间。

做出让晟豪休学一个星期的决定后，我向他提了一个建议。

“我们去旅游吧！想想去哪里呢？嗯……济州岛怎么样？”

不对症下药，光用几句话或者在家休息是治不好病的，孩子的问题也一样，用几句鼓励的话就想让他们豁然开朗？那才叫天方夜谭。实际情况往往是他们个个都“坚贞不屈”，死也要坚持自己想的那一套，说什么也不投降……很多母亲都有过类似的经历。孩子的问题光靠语言远远不够，必须要加上行动。不过，我所说的行动绝对不是指使用暴力。孩子生病了，我们就要送孩子去医院。同样，孩子出现了心理方面的问题，我们也要送孩子去并不熟悉、却对他们有帮助的陌生空间，这就是我的观点。

“哇，我们到了济州岛！妈妈你看，那是椰树！”

下飞机后，晟豪对济州岛美丽的风景非常兴奋。

“妈妈，我们要在哪里住宿？”

“交给妈妈吧！”

到济州岛的第一天，我们下榻在当地最高级的宾馆。看到比自己家还要漂亮百倍的房间，晟豪高兴得合不拢嘴。

将行李放在房间后，我们正式开始济州岛旅游。骑马，参观博物馆和民俗村，欣赏杂技表演，品尝海边的各种小吃，漫步在不知是上坡还是下坡的神秘之路，玩得非常尽兴。

不过周围的游人都很奇怪，因为在假期以外的时间看到旅游的孩子确实挺新鲜。不时有人问晟豪：

“孩子，你怎么不上学？”

每当这时，晟豪就会挺起胸膛、理直气壮地回答：

“我请假了！和妈妈一起来旅游。”

瞧他那副自豪的神情，就像一个为了宝藏而去冒险的少年。每当看到美丽的风景或者神奇的文物，晟豪就不断发出感叹。看到这个“休学少年”生龙活虎、兴致勃勃的样子，我觉得让他休假一个星期进行全新的体验很值得。不久之前还像泄了气的皮球一样的晟豪，现在又恢复了活力。

第二天，直到退房时间晟豪还在贪睡，我不得不摇醒了他。

“快起来整理行李！”

“嗯……我们不……继续住在这吗？”

晟豪勉强撑着睡意蒙眬的双眼，以探询的口气问我。

“老妈我长得很像比尔·盖茨吗？趁荷包还没气绝身亡之前，快起来吧！”

我当然没指望晟豪能乖乖爬起来。死拉硬拽把他弄上预约好的出租车后，我们离开这家奢华的宾馆。这一天，我们决定坐出租车观光济州岛。兼做导游的司机师傅对于能在上学的日子里接待一对母子颇感诧异。第二天的旅游快结束的时候，我向司机拜托：

“请带我们去济州岛最便宜的旅馆！”

想要国王般的生活，还是乞丐般的生活，最终的选择权在你自己。

有强求别人接受自己价值观和宗教的人，也有盲目相信别人的话，让别人代替自己做出选择的人。不管是前者还是后者，都在犯同样的错误。

——列夫·托尔斯泰

孩子想要怎样的人生，这是属于孩子自己的选择。而父母唯一可以做到并为之努力的是，让孩子看到更多、更美好的选择。

很多父母们都做得很好。为了给孩子更多选择，他们尽了最大的努力。为了送孩子到最好的学校，为了让孩子方便上下学，很多家庭都搬到了学校附近，父亲们甘愿承受漫长的上下班时间。当丈夫的收入已经无法满足孩子高额的补习费用时，母亲们都会去寻找刷盘子、打扫卫生等工作……可遗憾的是，父母们一直都做得很好，最后却犯错。他们经常在不知不觉中想代替孩子做出选择，而不是让孩子自己去选择。很多父母都不知道，这样会让孩子产生对立情绪。

出租车在一家旅馆门前停了下来。和我想象的一样，这家旅馆又脏又乱，破烂不堪，很难想象会有人愿意住在这里。在我的坚决要求下，晟豪勉强放下行李。当然，他的抱怨一直都没停过。于是，我带着晟豪走出旅馆，在外面的沙滩上散步。

“和昨天住的宾馆比起来，感觉怎么样？”

晟豪哭丧着脸说道：

“糟透了！我们能不能回原来的宾馆去住？这里被子的那股怪味……啊，我快不行了！”

我和晟豪在一块岩石上坐了下来。我问道：

“那你以后的人生会怎么样？是像昨天住的高级宾馆？还是像今天要住的‘啊，我快不行了’的旅馆？你想要怎样的人生？”

短短的两天让他成长了很多。晟豪立刻明白了我的意思，反问道：

“难道想过上富足的生活就一定要上学，一定要认真学习吗？”

我摇了摇头。

“不，不一定要上学，也不一定要认真学习。但最重要的是，去寻找自己喜欢的工作，并享受工作的乐趣。如果你有一个伟大的梦想，并需要为此放弃学业，我会全力支持你。但玩游戏嘛，这就有点过分了。”

“嗯，现在想起来，我也觉得很丢脸。”晟豪点了点头。

“如果你现在还没有伟大的梦想，那么学校对你来说还是非常有用的地方。学习会让你获得很多知识。以后，当你找到了自己喜欢的工作，也会做得更好。怎么样？你是想活得像国王，还是想活得像乞丐？”

看到认真思考的晟豪，我悄悄站了起来。

“风有点凉，我们要不要回去？”

“我要在这里再待一会儿。”

晟豪的话语中带着几分成熟，我看了他一眼，独自走回了旅馆。那天夜里，在波涛汹涌的海边，一个少年坐在沙滩上，思考着自己的未来。

直到前几年，全勤奖还与优等奖不相上下。诚实和勤劳被认为是非常重要的素质，并不亚于学习。不过时代已经变了，现在对于学生而言，缺勤已经不是那么重要的问题。在上学期间，孩子们会去国外进修，与父母一起去博物馆或博览会体验学习，学校也允许这种行为。大家都有一个共识，那就是通过这样的机会可以让孩子们学到在学校、在课本中无法学到的知识。

据说，世界著名导演史蒂文·斯皮尔伯格上学的时候也会缺勤。他只要不愿意去，母亲从不问他理由，而会立刻给学校打电话告诉老师，她的孩子今天不去上学。有一天，斯皮尔伯格对母亲说，他想去博物馆而不是学校。母亲欣然答应了这个要求，陪孩子去参观博物馆。斯皮尔伯格的母亲是一位优秀的教育者，她知道在校外可以学到很多书本上学不到的知识，她努力为孩子创造足够的机会。当其他孩子们枯坐在教室里时，斯皮尔伯格可以去博物馆等地方大开眼界，尽情张开想象的翅膀，这种经历为他日后成为顶级导演奠定了良好的基础。

一般情况下，学校的课还是要上，但“不管任何时候都必须要上学”这种想法却很落伍。如果今天，孩子对我们说不想上学，我们能不能鼓起勇气答应孩子？不用去太远的地方，只要和孩子一起制作便当，背着背包到附近的博物馆、美术馆以及各种景点旅游吧，去学习在学校学不到的有趣知识。可以确信，孩子的脸上必定会绽放出美丽的笑容。

小贴士

适合与孩子对话的地方

在对话中最重要的一个要素就是“空间”。在一个简陋的饭店向爱人告白的成功率显然比在浪漫的环境下要低很多。与孩子对话也是如此。不要小看他们，孩子拥有比大人更丰富的感性。在家里或学校与孩子交流各种问题很难产生共鸣。如果有话想对孩子说，我们可以回顾一下恋爱时期的“小花招”，带孩子去一个漂亮的地方“约会”。这样，他们接受我们“告白”的概率也会高很多。

想让孩子认真考虑自己的人生，其中一个方法就是旅游。

孩子学习差，妈妈别泄气

很多父母担心，只要孩子一天不去学校就会跟不上教学进度。其实这一切都是对“正规教育课程”的误解。我们国家制定小学6年、初中和高中各3年，共12年的教育课程，说到底也只是教育机构认定的一个人进入社会所需要的教育时间。也就是说，12年并不是进入大学必须花费的时间（这12年也只不过是“平均数”）。

正因为父母们对这些有错误的认识，所以会从小学一年级到高中三年级，希望孩子年年都得到第一名，并且认为只有这样，孩子才能考上名牌大学。

然而，如果只是为了上大学而学习，短的话只花两三年就够了。只要抓紧时间学习，两三年也完全可以考上名牌大学。有很多人在高中之前成绩垫底，到了高中一二年级后认真学习，最后也考上了名牌大学。难道他们都是天才？显然不是，只要借助某种机遇，认真学习学校的课程，完全可以做到这一点。

晟豪为了考上大学而认真学习的时间，包括复读在内，一共也就花了3年。在这之前，晟豪一直没有好好学习过。他不笨，但也绝不是天才。

所以，就算孩子的成绩差，我们也不用太泄气。相信我们的孩子吧，我们还有足够的时间，能够逆转！

家庭会议需遵守的五大铁则

和睦的家庭是分工好的家庭，还是协作好的家庭？

以前，很多家庭都认为最佳家庭模式是分工好。贤惠的母亲在家里负责家务和养育子女，勤劳的父亲在外面认真工作，也就是“妈妈负责育儿，爸爸负责赚钱”。实际上，直到现在还有很多家庭认为，这才是最好的家庭模式。

但自从生了第一个孩子晟豪后，我就对这种模式开始不满。原因在于我并不适合当一个传统的贤妻良母型的家庭主妇。比起做家庭主妇，我更擅长人际交往。而丈夫也不是整天在外面工作，一回到家后就只是坐在沙发上看新闻或报纸的类型。

结婚后，我和丈夫决定不管是任何事情都要全家人一起商量后解决，这么做对经营家庭更有帮助。

即便在老大晟豪和老二晟俊出生后，我们也一直坚持着这种“家庭会议”。我非常自信地认为，这种家庭会议是让两个孩子健康成长的重要原因之一。

我家的家庭会议名义上是会议，其实更像是开心家庭派对。我们会打开能够活跃气氛的音乐，准备好吃的食物，摆上一桌丰盛的宴席，享受天伦之乐。

很多人都有一个误会，把家庭会议当做《100分钟讨论》[1]。其实家庭会议并不应该成为激烈的讨论时间，而应该像《家庭娱乐馆》[2]一样。家庭会议不是为了争辩谁的观点正确，而是大家齐心协力去讨论如何解决问题。很多家庭会议因为意见不合，最终演变为吵架。我们不应该忘记家庭会议的目的，那就是通过家庭成员之间的相互称赞，鼓舞每个人的信心。

虽然每次的内容不同，但我家的家庭会议在二十多年来一直坚持遵守下面的铁则：

父母首先征求孩子们的意见

“这次的考试成绩怎么这么差！”

“你把零用钱都用在哪了？不到一个星期又向家里要！”

类似这种家庭会议对孩子而言就是折磨，只会起到相反效果。孩子自然不喜欢参加这种家庭会议。想要提高孩子参加家庭会议的积极性，父母首先要敞开心扉。比如可以回顾之前发生的事情，征求孩子们的意见。

[1]韩国MBC电视台的时事辩论节目。

[2]韩国KBS电视台的家庭娱乐节目。

“爸爸宣布戒烟已经一个星期,非常辛苦。你们有没有什么好主意?”

“上个月妈妈做的菜里有没有你们不满意的?”

提高孩子们的积极性，家庭会议已经成功了一半。

不管喜不喜欢，任何事情都再尝试两遍

父母开家庭会议的最大目的是正确培养孩子。我和丈夫也一样，会议重点通常是如何让做事容易厌倦、很快就放弃的孩子更有耐心。

面对新事物，孩子们会有强烈的好奇心，表现出成人很难想象的注意力，但缺点是很容易就感到厌倦，不过这是孩子们的特性，也不能太急于让孩子改正。

晟豪也是如此，他非常讨厌重复做一件事。面对感到好奇的事情时，他会变得十分专注。可一旦好奇心消失，他很快就会厌倦。比如学习钢琴没多长时间，他就因为不想反复练习而放弃；跆拳道也是如此，刚出了一点成绩后就开始打退堂鼓；演讲也不例外，刚在比赛中获得第一名就放弃。孩子有才能，但没有提高才能的耐心。问题在于，这种做什么都容易放弃的习惯很可能会影响孩子的未来。

我和丈夫决定利用家庭会议改变晟豪的习惯。我们和孩子约定，不管多么厌倦都至少要再尝试两遍，并在每次的家庭会议中接受检查。

签订家庭会议协议书，最后进行评价

家庭会议中达成口头协议并不难，但这种空口无凭的协议有时候很难被严格遵守。因此，我们家会写一份协议书，每个人都要在上面签名。

这样做的目的是为了提醒自己更好地遵守承诺。协议内容会写在便笺贴在冰箱上。这样，每天使用冰箱的时候自然可以看到，每天也都能得到提醒。

最后，根据依协议内容进行实践的次数在上面贴上小星星，下次开家庭会议的时候进行表扬，如果能持续执行协议内容，就根据获得的星星数量给孩子们买礼物。需要注意的是，家长不要指望这样做上一次就得到很大的成果，而是要每天认真地执行下去，帮助孩子们慢慢遵守，直到成为习惯，这就是目标。

创造家庭口号，充满正能量

不管是一个国家还是一个组织，都有一些象征物用来加强团结和归属感，比如旗帜或者歌曲。虽然无法做到挥舞旗帜，演唱歌曲，不过每次家庭会议结束后，我们都会大声喊几句口号。

“家庭成员要……”

“相互关心和爱护！”

“任何事情都要……”

“至少尝试两遍！”

“You can do it !”

“I can do it !”

“不要害怕什么？”

“失败和挫折！”

或许有人觉得这样做很幼稚，但如果坚持下去，这种想法就会完全消失，并会发现一个惊人的事实——那就是我、丈夫，还有孩子们一起喊出这些口号的瞬间所爆发出的强大正能量！

全家人一起观看电影、戏剧、参观展览会

我们在家庭会议中达成协议并持续执行的一件事就是全家人一起去观看电影、戏剧和展览会。特别是电影，我们只看早场电影，这也是孩子们提出的意见：

“如果用打折卡预订票看早场电影，会省很多钱。”（真是一群可爱的小家伙！）

早场电影的优点是观众少，我们可以坐在僻静的角落，一边讨论，一边看电影。看完早场电影后，我们通常会去面包房，一边享受刚烤好的面包，一边回顾之前的电影情节，如果对背景知识比较了解，讨论也会变得更加热烈。比如晟豪和晟俊对中国三国时期的历史都很熟悉，所以看完《赤壁》后，他们会模仿里面的英雄豪杰，聊得非常投入。每当这时候，我就仿佛看到了小时候让他们读漫画《三国志》、青少年版《三国志》、成人版《三国志》的成果，感到非常欣慰。孩子们通过读书增长见识，发表各种有趣的意见，看到这些，哪个父母会不欣慰、不高兴？

回忆往昔，生下老大晟豪后，因为不知道该如何教育孩子，我们曾一度非常担心。

“如何才能成为好父亲、好母亲？”

看着熟睡中的晟豪，如何让这个像天使一样美丽的孩子得到幸福的

未来，成为向我们袭来的首要压力。我们也看过很多教育类图书，看上去都很有道理，就是不知道如何在现实中使用，这让我们非常混乱。不过我们没有放弃，反而通过不断的努力和实践最终制定了前面在序言中提到的六个目标：

1. 站在孩子的立场上看待问题。

2. 相信孩子！相信，相信，再相信！给予孩子绝对的信任！

3. 观察、喜欢并支持孩子的爱好！

4. 让孩子从错误和失败中吸取经验，就像爱迪生经历无数次失败后，最终发明电灯，改变人类历史一样。

5. 给孩子勇气和信心，要告诉孩子“You can do it !”

6. 让孩子始终明白“父母因你而骄傲”。

刚开始家庭会议时，我们也感到非常陌生和不习惯。最大的原因是我们从父母那里学到的并不是称赞，而是责备，不是鼓励，而是打击。但我们并没有放弃，而是努力去克服。通过家庭会议和孩子们一起讨论，积极听取孩子们的意见，慢慢地，我们越来越熟悉称赞和鼓励。孩子在心里认为这个家庭能给自己带来幸福，这给了我们最大的动力。

家庭并不是只靠父母的力量就能推进的团体，孩子可以从父母那里得到力量，父母也需要从孩子那里得到力量。这就是需要大家聚在一起开家庭会议的重要原因。

小贴士

不要责打孩子，哪怕是用鲜花

孩子们是如何成长的？那就是不断摔倒并爬起来的过程，同时还要经受各种痛苦。

对犯错的孩子，教会他“波动法则”，告诉他当一个人散发积极能量，在能量影响范围内的一切东西都会产生相同的波动。相反，如果你生气，你的能量影响范围内也会被消极的能量笼罩。

现在，我们要停止斥责犯错的孩子，孩子并不是关在笼子里的动物。有句话说，“不要责打孩子，哪怕是用鲜花”。

引导孩子走向正确道路的最好方法就是——对做得好的孩子称赞，对犯错的孩子鼓励！

子女教育必败论——妈妈育儿，爸爸赚钱

迪克·霍伊特的儿子里克·霍伊特患有脑瘫，无法说话，也无法行动。不管是医生还是周围的亲友都劝迪克放弃这个儿子，但迪克并没有放弃。当里克通过电脑的帮助能够与别人沟通后，说出的第一句话是：

“我想跑步。”

因为儿子的这一句话,父亲放弃了自己的工作。儿子只能坐在轮椅上，于是他推着轮椅，带儿子一起跑步。一开始只是在家附近，后来慢慢跑到越来越远的地方。父子俩的梦想也变得越来越大。他们甚至参加了马拉松和铁人三项赛。所有的人都觉得他们疯了。但父亲只是想帮助儿子实现梦想。游泳的时候，父亲把绳子绑在自己的身上，拖着儿子躺着的橡皮艇；骑自行车时，父亲把儿子放在特制的自行车前面。就这样，他们参加了许多场铁人三项赛，他们的挑战从未停止。这些事情最终感动了全世界。里克说：

“父亲一直相信我，我非常感谢他。”

他还对人们说：

“CAN DO！（你也可以做到！）”

对每一个家庭成员来说，家庭都是巨大的力量源泉。无论遇到任何困难，全家人都紧密团结在一起，这样的家庭绝对不会陷入低谷。相反，如果家庭成员之间不和睦，整个家庭就会举步维艰。

在家庭会议中，为了使家庭成员团结在一起、向着共同的目标一起前进，特别需要丈夫的积极参与。

需要注意的是，很多丈夫明知道家庭会议的重要性，却很少去参与。下班回家后就以疲惫为借口，一个手指头也不愿动弹。这是很多母亲一听到家庭会议就会摇头的原因，这样的丈夫会让家庭会议无限期搁置。

但越是这样，做妻子的就越要对丈夫好好引导。首先，我们要理解丈夫的立场。韩国的男人自从结婚并有了孩子，也就是成为父亲后就变得非常孤独。因为他们得到的教育是，不管多么辛苦，都不能在妻子和孩子面前展现出懦弱的一面。作为家庭的支柱,他们认为如果表现出懦弱的一面，就会让整个家庭变得不稳定。所以回到家后，他们有时候还会故意在孩子们面前表现威严。随着这种行为越来越多，父亲与孩子之间的距离也会越来越远。

父亲将家庭的重担扛在自己肩上，被生活的压力压得越来越无法直起腰来，甚至变得孤独寂寞。然而，能够让这样的父亲重新回到家庭中来的人，只有妻子。

不久前，我在电视广告中看到一对父子手拉着手走，当时下面的一行字幕十分感人：

“请握住 15 秒，那双变得粗糙的双手。”

当父亲与孩子之间变得尴尬时，孩子的母亲要站出来，让他们彼此能够握住对方的手。就像广告中说的那样，只要握住 15 秒就会明白家庭这个伟大的奇迹。家庭会议就是让家庭成员相互握手的第一步。

让家成为梦想的游乐场

安哲秀教授被选为韩国年轻人最想模仿的人物，他曾介绍过自己的子女教育哲学，并且引起了广泛反响。他说：

“包括我在内的韩国父母们有一种倾向，那就是过于高估父母的影响力。但最近的情况显示，对 10 岁以上的孩子影响更大的不是父母，而是朋友和周围环境。父母的影响力已经不像以前那么有决定性，而在这种情况下，为孩子制造良好的教育环境就显得非常重要。”

简单地说，父母靠自己的影响力去教育孩子的时代已经结束，现在父母需要关注的是给孩子创造良好的教育环境，使他们进行正确的思考和行动。

那么安哲秀教授所说的良好的教育环境是指怎样的环境呢？很多人都认为是搬到周围有很多好学校的地方，让孩子结交成绩和品行优秀的朋友，或者送孩子去国外留学等。但有趣的是，对于哲秀教授认为的良好的教育环境，很多人都无法理解。虽然他之前说父母的影响力并不重要，但这次，他却以自己的父亲来举例。

安哲秀教授的父亲是一位医生，最让人吃惊的是，他直到50岁才挑战并通过了专业医生考试。即便是年轻人，也要不分昼夜地勤奋学习好几年才有可能通过这个考试。我们可以想象，超过50岁的人需要为此付出多大的努力。

正是从忘记自己的年龄、勤奋学习的父亲身上，安哲秀教授明白了一个道理，那就是学习与年龄无关。所以他也像父亲那样，一辈子都在学习。

安哲秀教授的例子告诉我们，让子女健康成长最重要的环境就是“父母以身作则”。父母不应该成为让孩子做这做那的指使者，而要成为让孩子可以学习和模仿的对象。

我认为除了以身作则外，父母最应该制造的教育环境就是“父母与孩子亲密无间的家庭”。父母的行为以及对家庭的态度都会给孩子的教育带来深远影响。

自从晟豪出生后，我和丈夫会注意挑选边角不锋利的家具，买墙纸的时候也会反复考虑，选择最适合孩子感性成长的样式和颜色。我们思考最多的是让孩子读什么样的书，答案只有一个，那就是我们先读读看！我们的书柜里都是从结婚前就爱读的各类书籍，而“让孩子活在书中的世界”是我们的希望。安哲秀教授也对韩国正在兴起的读书热潮发表了自己的观点：

“不要催促孩子去读书，而是给孩子看你们读书的样子。”

虽然生活并不富裕，但只要有闲钱，我们就会给孩子买书和玩具，以至于家里到处都是。来串门的亲友们都劝我们："……孩子们长得快，这些东西根本用不着买，很快就没用了。"但为了孩子，我们仍然坚持用书和玩具装饰我们的家。一想到孩子拿到新书和新玩具后快乐的样子，我们就觉得一切都值得。

每天晚上，我和丈夫会轮流给晟豪读书。当过父母的人应该都知道，给孩子读书不像电视中演得那么轻松浪漫。用同样的语调读童话书，孩子很快就会失去兴趣。所以，必须根据书中的角色，时而模仿爸爸，时而模仿妈妈，时而模仿小猪，时而模仿鸭子。这样一来读完一部童话往往就累得筋疲力尽。可就算再累，给孩子读书这项活动从来没有中断。

孩子每一天都在成长。有一天，晟豪一直缠着我给他读书，我实在太累，读的时候不小心落下几行。细心的晟豪马上闹着说我讲的故事不全。

"妈妈，为什么没有莫格里与大蟒蛇卡阿战斗的情节？"

听了孩子的话，我身上的疲劳顿时消失。孩子年纪小，自己不能读书，却能将我讲的故事完全记在脑海中，甚至对不合理的内容提出质疑。孩子的成长让疲惫的我重新产生了动力。

在高中，晟豪从最后一名到全校第一名。他之所以能够创造这样奇迹般的逆转，与从小养成的读书习惯分不开。有一段时间，晟豪非常喜欢玩三国志游戏。那个时候，我就趁机鼓励晟豪去读小说《三国志》。

"游戏中出现的刘备、关羽、张飞、诸葛亮、曹操，他们究竟是什么样的人呢？难道你不想知道吗？如果了解游戏的时代背景和角色的生平，玩的时候肯定会更有意思，水平也会更高。"

正是因为对三国志游戏感兴趣，晟豪才能读完漫画《三国志》、青少年版《三国志》、成人版《三国志》、李文烈版《三国志》等。很多母亲劝孩子读《三国志》的理由是对学习论述很有帮助，所以一定要读。但孩子如果没有兴趣，那么长的书又如何能读完？

我有几次死里逃生的经历，其中90%都是在读书的时候。那90%中，有一半是读书的时候过马路差点被车撞到，读书的时候烧水差点着火之类的。想知道剩下的一半是什么情况吗？那就是读到太感人的场面，因为哽咽而差点喘不过气来。您问既然这么危险，为什么还在读书？因为读书甚至比我的生命还重要。

这是一位著名小说家的话。从小就养成读书习惯的晟豪，直到现在仍然坚持读书。在白翎岛服完兵役，晟豪给家里寄来的包裹中有几本日记，里面写的全部都是读书笔记。在艰苦的海军生活中还能抽出时间读书和做笔记，晟豪的做法令我非常感动。我们的努力终于得到了回报。目睹这样的奇迹，我们心中的快乐无以言表！

创建罗马帝国的凯撒大帝，征服欧洲的拿破仑，朝鲜最伟大的国王世宗大王，世界第一富豪比尔·盖茨，奥马哈的贤人沃伦·巴菲特等无数伟人的共同点就是热爱读书。

“征服知识的人可以征服未来”，我们需要记住，子女成功的第一条件就是读书。还要记住的是，为了培养子女的读书习惯，父母首先要向他们展示读书的样子。

小贴士

用信任给孩子寻找幸福的勇气

很多孩子都希望取得好成绩，上好大学，找到好工作，过一种稳定的生活。这并不坏，但如果我们的孩子不去做平凡的梦，那该怎么办？

“只要找到自己喜欢做的事情，你就会幸福。所以你要努力去寻找喜欢并适合你的事情。”我们曾这样鼓励过孩子吗？无法做到的理由只有一个，那就是不信任孩子，担心我的孩子走错道路，担心他们迷失方向，最终走向绝路。

当我们相信孩子时，孩子才会有勇气去寻找可以让自己幸福的道路。父母的信任是孩子勇气的源泉。请相信孩子吧！

家里再乱又如何？

有孩子的家庭中，有必要让家始终保持干净和整齐吗？特别是有书房的话，一定要让书房保持整洁吗？

进入有些家庭的书房，我们会看到名贵实木制作的高级书柜上面，罗列着各种价格不菲的名著，就像装饰杂志里出现的标准书房。但一看到书毫无褶皱、一尘不染的样子，就觉得这其实是书的坟墓。盛放在高级书柜里价值昂贵的书，只不过是“死书”。

书不是装饰品，尤其是在有孩子的家庭，书柜里的书整齐摆放着绝对不是正常现象。相反，每个角落都能看到乱丢的书，这才是理所当然的。

“家里有很多书”和“孩子读了很多书”是完全不同的概念。家里书再多，如果都是死书，孩子们就不会去读。我和丈夫会故意把书放在孩子的床头、洗手间、饭桌上、沙发上、电视旁。别人可能觉得我们不爱打扫，把家里弄得很乱，但我们并不在意。只要让孩子们更接近那些好书，再乱点又如何？用不着让孩子非坐在一个地方长时间读书，即便只是拿着书随便翻几页，也已经达到了我们的目的。

实际上，孩子们也经常随手拿起书来看，有不明白的地方就随时问我们。这样一来父母与孩子交流的机会就会增多。特别是和孩子一起读书、讨论，每天都能发现孩子在一点点成长，真是非常美妙的经历。

玩具也是如此，我想让家成为孩子们最好的游乐场。正因为如此，我也曾遇到过很多尴尬的事情。有一天，附近的一位大姐来向我抱怨：

“都是因为晟豪妈妈，我家孩子养成了坏习惯，竟然在家具上乱跳。我一说他，他就搬出理由，说在晟豪家里可以，在自己家为什么就不行……”

就像那位大姐所说的，我家从很久以前就变成了附近孩子们尽情玩耍的游乐场。我认为家就应该是这样的空间。装饰美丽、干净整洁的屋子用来欣赏很不错，但对家庭成员来说，却非常不方便。稍微弄脏就要赶快收拾，孩子们从一开始玩就要担心收拾的事情，害怕弄脏被妈妈责怪，导致一点玩的兴趣都没有了。

比起关心如何收拾屋子，我想得更多的是如何用书和玩具装满屋子。为了喜欢组装玩具的孩子们，我几乎每天都要去玩具店看看有没有新到的玩具。每当买来可以组装的机器人玩具，他们就会争着去玩。有一天，晟豪突然不想去上学，询问原因后得知，他是担心弟弟把他组装的机器人破坏，要在家里守着，让我哭笑不得。家里有好几箱乐高积木玩具，书也堆得房间内外到处都是。这样的家怎么可能始终保持干净整洁呢？

因为总是收拾经常变乱的屋子，有时候我也会感到很疲惫。但我们不能忘记一件事，那就是父母的辛苦换来的是孩子的健康成长，而孩子的成长离不开尽情玩耍。

伟大的家庭都应该有的教育哲学

“我家只有两个儿子。”每当我这么对别人说，后面总会紧接着下面一句寒暄：

“天啊，养两个男孩，您的性格是不是也变了很多？”

这个时候，我总是会微笑着回答：

“是啊，养两个帅气的儿子，我的性格也变得帅气了很多。”

事实上很多只有儿子的家庭中，大部分母亲都变得越来越男性化。结婚前温柔的声音变得越来越沙哑（我认识的母亲中也有被声带结节困扰的人），原本纤细的胳膊现在变得强壮有力。

为了养育两个淘气的儿子，我也非常不容易。特别是晟豪，虽然性格内向，但在惹是生非方面却一点也“不甘落后”。

记得那是晟豪上幼儿园的时候发生的事情。我家客厅里有一台价格昂贵的音响，丈夫非常喜欢。从晟豪出生开始，那台音响一直在给他播放动听的音乐。有一天，我打开磁带匣，差点晕过去。

“天，天啊！这是什么？”

里面竟然灌满了一种黄色的糨糊状的液体。我正焦急地用手抠出那些糨糊的时候，晟豪急急忙忙跑过来向我摇摇手：

“妈妈，别碰那个！我正在制作磁带饼干。”

我直接坐倒在地。我的天！原来他想制作磁带形状的饼干，所以干脆把放磁带的匣子当成了饼干模子，将饼干和牛奶混合在一起，直接倒了进去。

还有更啼笑皆非的。一天，我在蔚山亭子洞附近的海边参加同学聚会。大家正在一起吃饭，气氛非常热闹，晟豪突然打来电话，哭着对我说：

“妈妈，我完蛋了，我的蛋蛋碎了。呜呜……”

“蛋，蛋蛋！”

听到晟豪的话，我不知不觉大声喊了出来，旁边的同学也吓了一跳。

“晟豪的蛋蛋碎了！”

“天啊，这是怎么回事！”

我急急忙忙赶回家，看到晟豪抓着自己的裤裆大哭。原来他和朋友们在家里玩复印机。别人都是复印脸和手，他别出心裁，想到复印小鸡鸡……没想到正在复印的时候，鸡鸡上的皮不幸被刮到，还好只是小伤。后来很长一段时间，晟豪的这项“壮举”都被朋友们当成主要娱乐节目之一，晟豪也得了一个“蛋碎帝”的称号。有男孩的家里，没有几件家电产品能够幸免于难，类似“蛋碎”的荒唐事情也时有发生。

每当孩子惹出事故，许多父母都会狠狠教训孩子，让他们以后再也不敢去惹事。一方面可能是因为觉得损坏的东西很可惜，另一方面，也可能是因为孩子做出的危险举动让自己担心。但不管是弄坏了昂贵的音响，还是被复印机弄伤小鸡鸡，我都没有责怪晟豪。虽然当时很气愤，但我尽量让自己站在孩子的立场考虑问题，并尊重孩子的想法。谁会知道，做出这种让人根本无法想象的荒唐举动的孩子，以后会成为爱迪生还是史蒂夫·乔布斯呢！每当看到晟豪，我就一直在心里反复思考：

“难道我要阻止孩子成为比尔·盖茨一样的人吗？控制孩子出人意料的想法和行为，他们的创意就会随之消失！”

我不希望孩子们成为乖乖听父母和老师话的机器人。我希望家能成为孩子们尽情玩耍、读书的空间，不管遇到任何问题，全家人都要一起思考并解决。有这样一句话：“伟大的家庭总是有只属于他们的教育哲学。”我和丈夫也试图找出适合自己家庭的教育哲学，并因此读了很多育儿图书和儿童心理书。最后，我得出了一个结论：

尊重并相信孩子！

在过去的 20 年间，在教育孩子们时，我们一直以“尊重”为基础，同时也切身体会到其中的困难。当孩子们听话和做好事的时候，尊重他们很容易；但如果孩子不听话并惹是生非时，想要尊重他们就变得十分困难。

每当因为孩子们太过顽劣而动摇我们的信心时，我和丈夫就会去想爱迪生的故事，给自己鼓劲。爱迪生为了找到白炽灯中使用的灯丝材料，做了多少次试验？数百次？数千次？不，做了数万次试验，可他还是没有成功。爱迪生又有多少次会受到放弃的诱惑呢？这样想来，必定能成功的自信在经历一定程度的失败后也会变成绝望。但爱迪生没有放弃，并且最终照亮了全世界。

其实，孩子们就像白炽灯。很多父母只是努力几次，却依旧无法让孩子亮起来，然后就放弃了。当父母放弃的瞬间，孩子也会放弃自己，也就失去了成功的可能性。

所有努力和失败的经历会在我们成功点亮灯泡的时候，尽数成为历史。不经历风雨，怎能见彩虹？所以，绝对要相信孩子。碳要受到压力才能成为钻石，痛苦就是来自于碳最终变成钻石的压力。当孩子为发出明亮的光芒而努力时，就算痛苦也要耐心等待，终于会有苦尽甘来的一天。

在网络里接近孩子

现在的孩子们最经常去的地方是哪？答案是网络空间。孩子们待的时间最长的地方，除了学校、补习班和家，就是网络空间。很多母亲对前三个地方很了解，对网络却知之甚少，比如许多父母几乎没有用电子邮件或推特与孩子进行过交流。

你觉得与孩子交流很难吗？那么请先鼓起勇气走进网络空间吧。打听孩子的电子邮件和推特账号，给他们发一封信吧。那时候，我们就可以进一步接近孩子们的世界了。

觉得孩子可恶时，孩子一定认为你很烦！

去年春天，一个正在接受我的客卿[1]指导的中学生单独来找我，唉声叹气地向我吐露心事。

“会考只剩下两周，可我学习这么差，怎么办啊？”

那个孩子一直偷懒不去学习，直到考试近在眼前才开始着急。他非常烦恼，想找我寻求帮助。于是，我问他：

“你想在这次的会考中得到什么样的结果？”

“我想提高成绩，哪怕只有10分。老师，我该怎么办？”

这个孩子平时不爱学习，临时却想抱佛脚，本应该狠狠地责备他，但想到客卿的真正意义所在，我并没有这样做。客卿是对犯错的孩子给予鼓励，对做得好的孩子给予称赞，不教孩子具体方法，而是帮助他们恢复自信，使他们能够做出正确行动的过程。让孩子们了解自己的问题，帮助他们找到解决方法，引导孩子，使他们改变和成长，这就是客卿的作用。

问：像现在这样度过这两个星期，你觉得有可能提高10分吗？

---

[1]客卿：本书中指的是英文(coaching)的中文翻译，它是一种针对人的管理技术。在教育中，它要求对孩子要给予充分的尊重和信任，并建立相互间的信任关系，在与孩子达成共识的基础上，制定个性化方案，激励孩子去自主寻找解决问题的方法。通过这些举措，帮助孩子改变现状，达到家长的最终教育目的。这种有效的教育手段在许多国家已被广泛接受和运用。

答：不，我觉得很难。成绩不下降就万幸了。

问：那么你应该怎么做呢？

答：嗯，暂时不去见女朋友，减少玩游戏的时间，早起并在头脑保持清醒的情况下学习……

问：哇，你很明白。那么现在只等你下决心了！

答：老师，我可以做到吗？

问：你拥有无穷无尽的潜力，当然可以做到。那么你觉得努力会得到什么样的结果？

答：当然会使成绩提高。

问：通过提高成绩，你会得到什么？

答：我觉得可以让我产生自信，让我明白自己也不是一无是处。

问：好，那么你觉得你按计划实行下去的绊脚石是什么？

答：妈妈的唠叨。那很容易让人泄气。

问：这件事我可以帮助你。你打算从什么时候开始去做？

答：从今天开始。

问：我怎么能知道你正在学习？

答：我会写计划表，还会给老师发信息。

问：当你完成计划后，你想给自己什么样的奖励？

答：我会告诉自己："你做得很好，以后还会做得更好。"

问：你想从妈妈那里听到什么话？

答：你这孩子真了不起，以后会很出色。

问：你听到这些话心情会如何？

答：我会高兴得不得了。

问：老师相信你，你肯定能做好。You can do it！

答：I can do it！（击掌）

我与那个孩子在这两周内随时保持联系，并监督他的实践情况。

问：在学习吗？

答：我好想我的女朋友！可不可以去见她？一个小时后再好好学习？

问：如果那么做，你认为会有什么结果？

答：嗯……我就无法按计划学习，可能也提高不了成绩。

问：只要现在多忍耐一会儿，你肯定能获得成功。你可以想象提高成绩后的心情，你觉得呢？

答：我会很兴奋，我一定会成功。

问：很好，那么你现在应该能克服困难吧？你可以做好，加油！

积极听取孩子的话，引导孩子去想象美好的未来并产生努力去做的动力，这就是客卿对话法。那个孩子在两个星期内忍耐了各种诱惑，认真学习，在会考中将成绩提高了30分，取得了惊人的成果。

可是，考试结束后没几天，我再次见到那个孩子时却发现他看上去非常沮丧。我问他，父母是不是非常高兴并对他进行了表扬。孩子无精打采地说道：

“我给妈妈看了成绩单，她竟然说才提高了这么点。妈妈太不给力了。”

父母认为孩子不行，孩子们也会抱怨父母不行。当父母无法相信孩子时，孩子也无法相信父母。

我做客卿指导的时间里，经常看到比孩子更不合格的父母。比如一个小学生学习非常好，妈妈却并不满足，总是要求孩子不断学习。她只在乎成绩，完全不管其他方面，结果孩子的性格变得非常消极。

只认为学习最重要，这样的父母相信的不是“孩子”，而是“成绩”。但我们要知道，相信“孩子”才是最重要的。

所有的孩子对人生中大大小小的问题都有自己的答案。父母要成为帮助孩子去寻找答案并付诸实践的人。在期待孩子的变化之前，父母需要先转变自己的想法。

改变孩子之前，首先改变自己

提起晟豪的学生时期，怎么能少得了游戏！在他正式进入高中一年级之前，游戏几乎占据了晟豪的全部时间……我开始关注子女教育法并努力去学习的原因，或许正是想要治好晟豪的游戏中毒症。

晟豪开始玩游戏是在小学三年级的时候。有一次，他偶然间和朋友们一起去了游戏厅。从那天以后，他完全迷恋上了游戏，每天下课后就会到游戏厅“上班”，比那些店员的出勤率还高，直到很晚才回家。

“十分抱歉，请把您的儿子带走吧。他只花几百元就能在这里坐一天，我的生意压力很大……”

趁着我来找晟豪的机会，游戏厅老板向我大吐苦水。老板的意思似乎是，只要晟豪占了一台机器，其他孩子只能在旁边眼巴巴地围观。这样看来，晟豪或许在玩游戏方面确实有特别的才能。就连其他人也看不惯晟豪每天都在游戏厅度日的样子。邻居们每次见了我也基本句句离不开让我好好管管孩子。

有一天，我像那些沉迷于游戏的孩子的母亲一样，终于遭遇了必然会经历的事情——晟豪从我的钱包里偷钱的时候被我发现了。看到手上拿着 1000 元钱[1]、吓得瑟瑟发抖的晟豪，我怒火中烧。

“为了游戏，竟敢偷妈妈的钱！”

为了教育孩子，我度过了无数个不眠之夜，不断地去思考，如何才能培养好孩子。当我发现晟豪偷钱的时候我甚至认为自己失败了。想起人们常说的，“不管再心疼，孩子都不会理解父母，只会让他们担心”，我觉得这句话没错，那时真想狠狠地揍晟豪一顿，让他不敢再做坏事。可看到晟豪吓得浑身发抖的样子，我一阵心酸，泪水差点流下来。过了一会儿，心情稍微平静以后，我的态度发生了 180 度的转变。

“没错，我也曾经偷过妈妈的钱……”

我想起了自己小时候的事情。用从妈妈那里偷来的钱买鱼丸吃，买橡皮筋和朋友们一起玩，然后将剩下的钱藏在石墙下，有需要的时候就拿出来用。因为害怕被妈妈发现，一直担惊受怕……想着想着，我扑哧一声笑了出来。之前愤怒的心情在不知不觉中平静了下来。

“那个时候，如果偷钱的事情被妈妈发现，我希望妈妈如何对我？”

我从晟豪身上仿佛看到了当时的我。很快，我就得到了答案。我坐在晟豪面前，盯着他的双眼，温柔地说道：

“没有钱就跟妈妈要，难道你觉得妈妈不会给你吗？”

[1]本书中提到的货币均为韩币。

“不，不是的……”

“从明天开始，妈妈每天给你 2000 元零用钱，1000 元就用来玩游戏，1000 元买东西吃。但你要答应我，晚上六点之前一定要回家。明白了吗？”

“妈妈，对不起……”

原以为会受到严厉处罚的晟豪，面对这种意外的情况，显得有些不知所措。

晟豪会用怎样的行动来回报我出人意料的“宽容”？答案不久后就揭晓。自从我每天给他 2000 元零用钱后，没过几天，晟豪就觉得游戏厅很无聊，再也不去了。

“那里的游戏都玩腻了，真没意思。”

听到晟豪表示再也不去游戏厅后，我感受到了他的决心：他认识到自己的错误，并保证不再去玩游戏。我当时觉得晟豪总算开始理解妈妈的心，开始懂事了。看上去，我对游戏的担心已经结束，然而这一切都是错觉。在晟豪的面前，还有那个让无数青少年甚至大人都废寝忘食的“经典”——“星际争霸”在等待着他。

我家第一次购买电脑是 1998 年初，也就是晟豪上小学四年级的时候。比起别的家庭，我们购买电脑的时间比较早，因为丈夫在工作中要用，同时对我也很有帮助。然而，这台电脑的真正主宰却不是丈夫和我，而是晟豪。更悲剧的是，“星际争霸”偏偏在那时正式发行。

因为好奇而接触“星际争霸”的晟豪，很快就沉迷进去。但那时的我们对即时战略游戏这种术语比较陌生，看到孩子兴奋而快乐的样子，我和丈夫也跟着高兴。在我们眼里，“星际争霸”和“超级玛丽”“泡泡龙”“小蜜蜂”等游戏厅里的游戏没什么不同，也只不过是孩子喜欢的一种玩具。但是我们想错了，晟豪的生活发生了180度的变化。我们无法忘记晟豪玩“星际争霸”时的疯狂。在这个全新的网络世界里，根据自己的命令移动角色，与其他玩家战斗，这种快感让孩子完全无法自拔……我甚至抱怨那些游戏制作者，为什么要制作这种让孩子沉迷的游戏！

在现实世界中，晟豪只有11岁，他只是个孩子，不可能想做什么就做什么，但在虚拟世界中却不同。在那里，晟豪就像全知全能的神一样存在。他可以选择一个种族完成各种任务，也可以与其他玩家进行精彩对决，至少在那个时候，他不再是个孩子。电脑游戏带来的像毒品一样的快感，年仅11岁的晟豪根本无力抗拒。

从那天以后，我和丈夫没过过一天安稳的日子。沉迷于游戏的晟豪将原本就不重视的学习完全放弃。有一天，从学校回来的晟豪高兴地对我炫耀：

“妈妈，我获得了全校第一！”

“什么？”

完全不学习的他竟然能获得全校第一！这根本就不可能。晟豪继续说道：

“我们按班级比赛游戏，我赢了所有人，得了全校第一！我是最厉害的！”

晟豪就像赢了全世界一样骄傲。

“哦，我只知道你玩游戏，不过没想到能成为游戏王！”

在晟豪面前，我如同哑巴吃黄连，有苦说不出。

晟豪在游戏比赛里获得了全校第一，相比游戏水平，他的学习成绩却直线下降。我和丈夫的烦恼也是一天天增加……我们并不要求晟豪变成学习优秀、所有人都喜欢的模范学生，我们只希望他能找到自己喜欢的工作，过幸福的生活就可以了！

我们不希望晟豪从小就沉迷于电脑游戏，无法了解周围的世界；而是希望晟豪明白，除了虚拟的游戏世界，外面还有很多有趣的事情。如果他能找到适合自己的事情，那该多好。

我认为无论如何都要改变沉迷于游戏的晟豪。而且，在改变孩子之前，我要首先改变自己。我发现晟豪全神贯注于游戏时不管喊他几次都听不见，即便通宵达旦也不觉得累。如果他将这种热情投入到其他事情上，肯定会得到很大的成就。我尽量让自己往积极的方面想，和孩子一起寻找适合他的道路，我认为这就是父母需要做的事情。就这样，我艰难的子女教育之旅开始了。

小贴士

学习也要循序渐进

让一个完全不学习的孩子从一开始就认真学习，这几乎是不可能的事情。因为虽然内心很想学习，但行动却很难跟上。

这就好比长时间停用的机器，从一开始就全速运行，那么会发生什么事情？当然会超负荷，最终发生故障。这么做只会招来完全相反的结果。所以我会建议刚开始学习的晟豪不要太勉强自己，就像机器预热一样，要循序渐进。

不给孩子太大压力，让他们逐渐去适应学习环境非常重要。

孩子沉迷游戏是父母的责任

“我快要疯了。一直不让孩子玩游戏，他就是不听，现在又开始玩。今天我想狠狠教训他一顿。我想问问老师，在这之前，我到底应该怎么做？”

面对着有患上游戏中毒症的孩子的母亲的诉苦，我这样问她：

“那么打孩子会使您的心情变好吗？孩子又会怎么想？”

她唉声叹气地回答：

“我也知道那是恶性循环。每次打完孩子，我都很后悔，整晚失眠。可孩子根本就不听我的话。”

“体罚不能使孩子改变什么。在体罚孩子之前请深呼吸，试着让自己平静下来。然后再去思考孩子为什么会那样。”

我引导她去思考孩子沉迷于游戏的原因。

拥有沉迷于电脑游戏的孩子的父母中，最愚蠢的是哪种类型呢？那就是仅仅催促孩子别玩游戏、多去学习的父母。说实话，这种父母根本没有让孩子摆脱游戏中毒的决心和干劲。为什么？他们对孩子说的话太可笑。对于“别玩游戏，多去学习”的叮咛，乖乖回答“是，我知道了”，然后关掉电脑去学习的孩子，地球上恐怕连一个也没有！将孩子们无法摆脱游戏的原因归咎于意志力差，这样绝对解决不了问题，因为电脑游戏中有很多让孩子上瘾的因素。

其中最大的因素是游戏本身拥有的“毒性”。这些大人们制作的游戏中隐藏着很多可以让孩子中毒的狡猾机关。电脑游戏大部分都是提升等级的游戏，而且等级没有上限，这样会极大刺激孩子的好胜心和成就感。刚开始只因为好奇而接触游戏的孩子，会逐渐陷入到提升等级的乐趣中无法自拔。和朋友们一起玩会使孩子们的好胜心进一步膨胀。看到朋友的等级比自己高，孩子就会努力赶上，当自己的等级比朋友高时，又担心被朋友追上。总之，他们会为了各种目的，不停地玩游戏。

最终，孩子们会对刚开始只是因为无聊或好奇而接触的游戏完全上瘾。

让孩子沉迷于游戏的另一个重要原因就是父母对孩子不关心。据统计，在夫妻双方都工作的家庭中长大的孩子，游戏中毒的情况要比夫妻中只有一方工作的家庭高很多。而在父母与孩子沟通少的家庭，孩子患上游戏中毒症的情况尤为突出。因为工作而没有精力关心孩子，或者根本就没把心思放在孩子身上，正是这些因素让孩子们接近电脑游戏。实际上，找我咨询的那位母亲也是一位职业女性。

“在没有爸爸妈妈陪伴的家里，孩子自己能去做的事情其实很少。在那段孤独寂寞的时间里，孩子能依靠的只有电脑。这样一想，我们还能责怪孩子吗？”

听了我的话，那位母亲沉默了许久。最后，眼角发红的她终于说道：

“我总为孩子玩游戏而恼怒，却从来没考虑过他的想法。现在，我终于有点醒悟并能体会到，没有妈妈在身边，他会有多么孤独……”

假如我们的孩子游戏中毒，学习便不再是首要问题。因为游戏中毒很可能会毁掉孩子的人生，我们要了解事情的严重性，谨慎地对待。删除游戏账号，把电脑处理掉，把键盘藏起来，责备甚至打骂孩子，这些方法对于游戏成瘾的孩子来说，全都没用。原因何在？科技发达和电脑的普及使阻止孩子接触游戏的做法变得没有任何意义。请记住，让孩子真正离开游戏的道路，是父母的关心与交流。

你知道你是谁吗？你是一个奇迹。

世界上没有和你一模一样的人，仔细看你自己。

你的手，你的脚，你的动作都是一个奇迹。

你可以成为像米开朗基罗、莎士比亚、贝多芬那样的人。

你可以做到任何事情，你是一个奇迹。

——巴勃罗·毕加索

IT'S OK
I BELIEVE YOU

02
第二章

成为孩子最好的教练

就算上世界第一学府哈佛大学，也会有人因为不适合自己而彷徨。由此也证明了，只追求成绩并不是全部。

要想改变孩子，我们首先要不断学习并改变自己。

与孩子一起挑战自我

转眼之间，晟豪已经上小学五年级，可是游戏中毒症依然非常严重。他整天只专注于游戏，不仅学习，就连和朋友们一起玩，也觉得是在浪费时间。每当看到沉迷于游戏的晟豪，我都会有毁掉电脑的极端想法。不过转念一想，外面到处都是网吧，那样是徒劳的。既然无法毁掉世界上所有的电脑，那就毫无用处。但是，我也不能放任不管。

同时，晟豪的身体也在一天天发生变化。从四年级开始，他的体重暴增，每年增加10公斤。初中时的他就像四五十岁的大叔一样，大腹便便。同时，因为一直盯着电脑屏幕，他的视力也随之变差。从小学五年级开始，不戴眼镜就连书也看不了。

“到底如何才能让晟豪摆脱玩游戏成瘾的毛病？”

我每天都为他担心。现在已经不是担心学习的时候，而是晟豪的人生面临巨大的危机，游戏很可能会毁掉他的人生，我在担心忧虑中度日如年。突然有一天，我听到了一个让人激动的消息。

“孩子学习跳舞后，不仅身体越来越健康，更重要的是性格也变得积极。原来整天闷闷不乐，非常消极，现在变得开朗和积极了许多。我真后悔没有早点让她去学习跳舞。”

这是偶然见到的一个朋友告诉我的。自从她女儿去健身中心学习街舞后，性格发生了 180 度的变化。原本内向的孩子现在变得非常开朗，学习成绩稳步提高，身体也越来越好！

“多跳舞，多出汗，如果这样，晟豪是不是也能发生变化？跳舞不仅有益于身体，还能减少玩游戏的时间，不是一举两得的事情吗？”

我立刻回家召开家庭会议。

“我们学习街舞吧！”

“街……街舞？”

丈夫和孩子们露出了惊讶的表情！最近，电视中经常会播放跳街舞的各种节目，但普通人对街舞并不是十分接受。于是，我耐心地说服孩子们，为他们讲解跳街舞不仅可以锻炼身体，对心情也有好处。在我的劝说下，第二天，两个孩子和我一起去健身中心报名。看着我报名的晟豪突然吃惊地问我：

“妈妈也要学习？”

晟豪对我把自己的名字也写在名单上感到很惊讶。我用反问应对。

“老妈我不能学跳舞吗？你不觉得和妈妈一起学习街舞会非常有趣？”

“……”

“我们是一家人，不管是什么事情都要一起面对。爸爸如果也能一起学就更好了，可惜他太忙。”

两个孩子的脸上露出不情愿的表情。报名的人除了我，还有我拉来的关系亲密的邻居们。跳舞不仅可以让孩子锻炼身体，还可以让他们的性格变得积极，最重要的是父母和孩子可以一起度过快乐的时光，有谁能拒绝这种好事？最终，超过十个家庭接受了我的建议，和我们一起学习街舞。

最近几年，很多母亲自创并运营与子女教育有关的社区。网上也有很多拥有庞大会员的子女教育网站。不管是在首尔，还是在其他地方，只要是教育比较火爆的地区，母亲们在送孩子去学校后，总会专门聚在一起讨论各种教育技巧。为了孩子的教育，母亲们会相互分享各种教育信息，而我对这种聚会带来的积极效果并不否定。

可遗憾的是，与努力给孩子们创造更好的教育环境相比，父母们与孩子一起度过的快乐时光却太少！我也曾想过送孩子到健身中心学习街舞，把时间用于和其他母亲一起分享教育信息，或者给自己充电。不过我更希望能与孩子们一起快乐地做同一件事，这就是我也学街舞的原因。

积极利用老师，是提高成绩的捷径

学习好的孩子们都有一个共同点，那就是积极利用老师。每一位老师都在每个科目中达到了最高水平，是一本活着的“参考书”。不重视学校课程，任何学生都无法在学习上进入第一集团。

学习差的孩子才会忽视唾手可得的宝藏——学校课程。向老师提问的学生可以将所有老师都拉到自己身边。比如去教务室问数学题，得到的收获并不仅仅是掌握一道数学题；看到认真学习的学生，教务室里的所有老师都会对他产生好感。

作为教育者，原本学习好的孩子认真学习自然是值得高兴的事情，但让一个学习差的孩子通过努力变成学习好的孩子时，会得到更大的成就感。也就是说，当老师的教育热情被点燃，老师会为主动问一道题的孩子回答 10 道题。

不要将孩子的才能“杀死”

领导罗马政治改革的格拉古兄弟有一位名叫科涅莉亚的贤明母亲。她是第二次布匿战争的英雄——大西庇阿的女儿。科涅莉亚温柔贤惠，博学多才。自从丈夫去世后，她拒绝再婚，将所有的精力放在孩子的教育上。有一天，科涅莉亚家里来了很多贵妇人，她们在一起展示自己的珠宝，互相攀比。

“这颗钻戒是我丈夫征讨非洲时得到的宝物，世界上独一无二。”

“这顶黄金冠是东方的国王曾经戴的冕冠。”

那些贵夫人一个个忙着竞相吹捧自己拥有的宝物。其中一位贵妇人瞧不起贫穷却心高气傲的科涅莉亚，脸上带着嘲笑问道：

“科涅莉亚，把最贵重的珠宝也拿出来让大家开开眼界吧？难道说你家没有值得骄傲的宝石？”

丈夫死后，科涅莉亚的家境每况愈下。贵妇人明显是想借机让她难堪。

科涅莉亚自然清楚那位贵妇人的意图，她不动声色地将孩子们拉到身旁，不卑不亢地回答：“我自然有珍宝——就是我的两个孩子，他们比你所有的宝石加起来还要珍贵！”

格拉古兄弟从小就失去父亲，非常贫穷，可他们并不感到自卑。母亲对他们的爱和信任让他们紧握自尊，充满自信，最终成为罗马历史上最优秀的政治家。

我的孩子是世界上最珍贵的宝石。我们需要思考，那个遮住了宝石、让它无法散发出璀璨光芒的人是不是我们自己。父母能够发现孩子的才能并让他们尽情展示，同样也能够将孩子的才能“杀死”。

不在孩子面前轻言放弃

我们的大脑中存在“镜像神经元”,这并不难理解。有人打哈欠的话，自己也会不知不觉中跟着打；别人笑的时候，自己也会自然地跟着笑，谁都有过这种经历。为什么会这样？原因就在于镜像神经元使我们能够对外部环境产生共鸣，使我们有一种倾向，就像站在镜子对面一样，根据对方的动作模仿和学习，并被影响。不是有句成语叫“嗔拳不打笑面”吗？

“如何才能让孩子变得积极，充满活力？”我们经常因为类似的问题而愁眉苦脸，却从不在意我们的样子是否会被孩子们看到、模仿和学习。为了让孩子变得积极，我们需要让他们启动镜像神经元。那么作为父母，我们就要首先变得积极。

我学习街舞的态度很认真。可岁月不饶人，作为两个孩子的母亲，我确实有些力不从心。

“哈哈哈，妈妈太搞笑了！就像笑星一样。”

每次看到我用僵硬的身体机械地做出街舞动作，孩子们就会捧腹大笑。同样的动作，孩子们能做得很好，我却很难，不过我没有放弃。

“假如我在这个时候因为困难而放弃，那么当孩子们觉得困难，想要放弃的时候，我就无话可说了！”

刚开始，我只是想改变晟豪内向的性格，想让他通过街舞锻炼身体，最重要的是让他摆脱迷恋游戏的生活方式。但随着学习的深入，我逐渐有一种想向孩子们证明自己的想法，那就是“妈妈也可以做到”！

我故意把头发染黄，穿着非常宽松的街舞裤。我觉得，既然要学街舞，就要全身心投入到街舞的世界，年轻人的世界。练习时，摔倒的次数不计其数，每次我都重新站起来继续跳舞。只要能和孩子们在一起，让孩子看到我的努力，获得信心，我别无所求。不管多么困难的动作，孩子们只看两三次就能轻松学会。从这两个快乐地随着音乐跳舞、挥洒汗水的孩子身上，我能够感受到他们无穷无尽的潜力。如果能够将这些潜力往积极的方向引导该多好！想到这里，我不由自主地捏紧了拳头。

当我们认真地学习街舞的时候，我们获得了一个很棒的机会。釜山市一家乐天百货新开张，邀请包括我们家庭在内的街舞团队开幕式演出。终于要在公众面前表演！我们怀着激动的心情，紧锣密鼓地准备着。

不过演出那天还是出了一个小插曲：晟豪突然不见了！我们急忙去找他，最后发现他藏在洗手间里。

“妈、妈妈，我好紧张，要是失误了怎么办？”

有生以来第一次在众人面前表演，这让内向的晟豪压力巨大。我鼓励他说：

“晟豪，为了练习跳舞，你流了很多汗，是不是？”

“是的。”

晟豪回想起以前辛苦练习的情景。那时候，他虽然身体肥胖，但还是一个动作一个动作地努力练习，这样坚持了好几个月。

“汗水不会欺骗你的。我相信你！我的晟豪练习最勤奋，所以肯定会跳得最好。还有，就算失误了又怎样！你难道忘记了咱们家每天都要喊的口号吗？不要害怕什么？”

“失败和挫折！”

喊出家庭口号后，我们相互击掌鼓励。晟豪脸上的不安也逐渐消失。

演出终于开始了。刚开始，晟豪还是有些放不开，始终跟不上节拍，但他很快就进入状态，开始展示出真正的街舞实力，演出获得圆满成功。后来，我们在街舞学习上更加努力，最终取得了街舞讲师资格证。

直到现在，我都把与两个孩子一起学习街舞的那些日子当作最美好的回忆。

伽利略时代的人们相信地球是平的。这在当时是人尽皆知的常识，可事实并非如此。地球是圆的——不管是事实，还是上升到真理层面。就像这样，常识就好比是随时都会破碎的玻璃杯，真理往往被错误的常识所蒙蔽，让人相信被蒙蔽的真理并不像想象中那么容易。就像伽利略时代的人们一样，很多父母提出质疑，明明看到孩子做出错误的行动、走向错误的道路，又如何去相信他们？

也就是说，相信孩子并不是常识，而是真理。我们要推翻不相信和怀疑孩子的常识。为此，我们首先要相信自己，相信自己能够相信孩子。我们要记住，当父母改变时，孩子也会随之改变。

和孩子们一起练习街舞，使我们的家庭变得比以前更加团结。

任何时候都不晚，我们可以创造与孩子们一起度过丰富有趣生活的机会。母亲的加入可以让孩子更加快乐。

小贴士

成长的养料是称赞

“妈妈，求您别再夸我了！我明明跳得不好，您却说我跳得好！”一起学习街舞的晟豪对我抱怨。每当看到扭动着肥胖的身体，跳得满头大汗的晟豪，我总会说“啊，晟豪跳得真棒”，“哇，晟豪太厉害了”之类的话。听到这样的赞许，晟豪觉得很丢脸。我一边跳着不知是街舞还是霹雳舞的奇怪舞蹈，一边对晟豪说道：

“在妈妈眼里，晟豪就是最棒的，你还想怎么样？”

晟豪无奈地摇了摇头，继续抱怨。

“我明明做得很差，妈妈却总是称赞我。其他孩子的妈妈都不这样，我都抬不起头来了。”

长大后，对我这种不管做得好还是做得差，都不由分说地称赞的教育方法，晟豪这样评价：“妈妈不断地称赞给我带来了巨大的力量。”因为这株名为“孩子”的植物，在成长中需要的养料不是“批评”，而是“称赞”。

给孩子提供美妙的经历

积极的思考和行动不仅能实现阶段性的变化，往往还会像毛毛虫进行蜕皮那样，最终成为美丽的蝴蝶在空中翱翔。他们能够创造出惊人的奇迹，带来让人意想不到的“变革”。

百货店开幕式后，我家的街舞表演一直在继续。曾与蔚山市管弦乐队在蔚山市飞鸿山房广场一起演出，后来甚至在日本街头进行过表演。刚开始觉得很难放开的晟豪不知不觉开始享受表演的乐趣，性格开朗了很多，减少玩电脑游戏的时间也是理所当然的事情。不过，这还不能完全戒掉他的游戏瘾。只要一有时间，晟豪仍然会坐到电脑前。但我已经让晟豪明白，并非只有游戏才能给他带来快乐，这就是最好的结果。

“不可能一次就让晟豪彻底改变！对，我要一步一步改变他！”

或许会很慢，但我坚信，努力坚持下去，与晟豪一起度过幸福的每一天，最后一定会成功。不久，一个陌生的电话给我们的努力带来了小小的回报。

“请问您家是不是每天早上都练习街舞？”

对这个非常突兀的问题做了肯定的答复后，话筒对面的人表示，他是蔚山市 MBC 电视台的编剧，听说了我家的事情后想进行采访。

“听上去挺有意思！对晟豪和晟俊来说应该是个不错的经历！”

于是我毫不犹豫地答应了他。别人想知道我家的趣事，当然没有拒绝的理由。约定后的第二天早上，门铃响了。

开门一看，电视台的导演、编剧、摄像师、灯光师等人已经在门口准备就绪。不过拍摄过程却并不顺利。因为准备仓促，孩子们没有睡醒再加上紧张，完全没有发挥出实力。

前前后后拍了几次，但由于孩子们的发挥实在太差，并没有得到满意的效果。他们不习惯面对镜头，在一大早就跑到家里来的一堆陌生面孔面前，他们很难像平常那样轻松地跳舞。

“算了，到此为止吧。停。”

几次尝试失败后，导演最终决定停止拍摄，电视台的人开始收拾器械。早早赶过来拍摄，却白辛苦一趟，他们的脸上露出了失望的表情。

我也不好意思就让他们空手而回，赶忙倒茶赔不是。一起喝茶的时候，我向他们谈到了一家人跳街舞的原因和过程，以及家里发生的各种趣事。这些引人发笑的话题使原本尴尬的气氛变得轻松起来。刚才因为紧张而动作僵硬的孩子们现在竟然提出再拍一次。

“我们现在应该没问题了。”

逐渐适应了陌生人的孩子们这次终于发挥正常，拍摄活动圆满成功。另外，他们还对我们家的家庭会议进行了跟踪拍摄。当所有拍摄任务完成后，导演向我提出了一个意外的建议。

“我们想找时间单独采访您，您愿意吗？我觉得您和孩子们有趣的故事会非常受欢迎。”

我欣然答应。第二天，在电视台接受采访时，我兴致勃勃地讲述了培养孩子的经验和各种趣事，包括始终给孩子传递信心和勇气，和孩子一起练习街舞，以及全家人一起去旅游等事情。采访结束后，导演问了我一个问题：

“您来之前是不是特意准备了这次的采访？”

“这不过是我家的日常生活，没必要特意准备。”

“真的吗？哈哈，您非常擅长接受采访！”

导演开心地大笑起来。

当孩子们跳舞的节目在电视台播放后，消息传遍了附近的大街小巷。孩子们一下子成为同伴们心目中的英雄。

晟豪很快就有了一个新的梦想，他想成为一名笑星。自从上电视后，朋友们都羡慕他，这让他感到非常骄傲。所以他觉得成为一个笑星，每天都上电视应该会很不错。

“哇，晟豪真了不起！如果能成为笑星，给人们带来快乐，那真是太棒了。”

我对晟豪大加鼓励。这次经历给晟豪带来了很多好处。

外部环境给孩子带来的影响巨大，父母给孩子提供怎样的经历非常重要。体验美妙的经历，孩子就会拥有精彩的未来，相反，每天都重复同样的生活，却期待孩子们拥有精彩的未来，那就是不切实际的奢望。比尔·盖茨的父母如果没有在他小时候把价格昂贵、当时并不普及的电脑送给他，或许就不会有现在的微软。给孩子提供美妙的经历吧，这种经历越多，孩子的未来就会越宽广，越有深度。

小贴士

想让孩子读书？先让他看父母读书的样子

父母靠自己的影响力去教育孩子的时代已经结束，现在父母需要关注的是给孩子创造良好的教育环境，使他们进行正确的思考和行动。

良好的教育环境是指怎样的环境呢？很多人都认为是搬到周围有很多好学校的地方，让孩子结交成绩和品行优秀的朋友，或者送孩子去国外留学等。其实，让子女健康成长最重要的环境就是“父母以身作则”。

父母不应该成为让孩子做这做那的指使者，而要成为让孩子可以学习和模仿的对象。我认为除了以身作则外，父母最应该制造的教育环境就是“父母与孩子亲密无间的家庭”。父母的行为以及对家庭的态度都会给孩子的教育带来深远影响。比方说要想让孩子养成读书的好习惯，父母不要催促孩子去读书，而是给孩子看你们读书的样子。

“没用”的爱好也可以创造奇迹

上大学不久，晟豪回忆起小时候学习钢琴的事情，对自己中途放弃、没有继续学下去感到很遗憾。在他看来，一个男人成年以后连一种乐器也不会，这对恋爱事业有很大影响！

韩国的母亲大多在“才能”与“爱好”之间进退两难。母亲们都梦想着自己的孩子能成为第二个金妍儿、第二个朴智星、第二个朴泰桓，甚至为此疲于奔命，但并不是所有孩子都能发现自己的才能。金妍儿的滑冰才能是父母偶然带她去溜冰场的时候发现的，朴泰桓的游泳天赋是父母为了治疗哮喘而教他游泳时发现的。如果我们也能够发现孩子的才能，那该多好！为了发现孩子的才能，我们会从幼儿园或小学时就开始让孩子尝试学习各种东西。假如发现孩子没有这方面的才能，就逐渐减少相应的学习时间。其中跆拳道和钢琴是必修课程，但一直学习到长大后的孩子却很少。当然，在学习正规科目时间都很紧的情况下，这些用来发掘才能的课程对考大学并没有帮助，也就没有了继续学习的必要。

最终，没有发现孩子才能的父母会把精力集中在他们的学习上，果断放弃之前尝试的活动，即便孩子们有可能还想把那些活动作为爱好继续接触。父母通常会认为，既然孩子在那方面没有特别的才能，就没有必要继续付出；省下时间多学学英语或数学，对孩子的未来更有好处。

多元智力是现在的趋势，只要发现孩子某方面的卓越才能，我们还是会集中精力去开发。这就像赌博中的梭哈一样，存在巨大的风险。

现如今,大家更推崇将各种微不足道的爱好聚集在一起创造新的创意,其中代表性的例子就是史蒂夫·乔布斯。他制作的苹果系列产品并非世界第一的那种革命性创新,不过是将已经存在的技术像炒饭一样拌在一起。不同的是,史蒂夫·乔布斯用与别人不同的视角观察事物,丰富的履历和爱好使他能够做到这一切。他对书法很感兴趣,也对禅宗非常痴迷。可对做父母的人来说,这些都是没用的爱好。他却能够通过这些没用的爱好创造奇迹。这种通过丰富的爱好发现新创意的时代已经悄然来临。

晟豪最近又开始学习钢琴,他想为未来可能遇到的心爱的人演奏一首动听的曲子。家里如果来了亲朋好友,晟豪就会为他们演奏。在他脸上,小时候学钢琴时无聊和厌倦的表情再也没有了。现在的晟豪就像一位著名的钢琴家,沉浸在音乐的海洋里。

令孩子陶醉的爱好会让他们的人生变得滋润。如果才能是让孩子的人生运转的齿轮,那么爱好则是让齿轮运转顺畅的润滑油。只擅长一种才能的孩子,不管那项才能多么出色,都会很不幸。所以,只要爱好能让孩子的人生更加美好,我们都需去要关注。

好选手不一定会成为好教练

一个父亲从一流大学毕业，他家里的风景十分独特。餐桌的玻璃下面铺着他初中和高中时的成绩单，都是全校第一。父亲认为，这种方式既可以向孩子们树立威望，又能作为榜样，让孩子在每次吃饭时都能得到鞭策，更加努力地向自己学习。他坚信没有比这更有效的教育方法。

比起学习，一个孩子更喜欢设计。他最讨厌的就是吃饭时间，因为餐桌的玻璃下面铺满了父亲的成绩单。初中一年级全校第一……初中二年级全校第一……虽然爸爸只是坐在对面默默地吃饭，但孩子的耳中无时无刻都传来这样的声音：

“你至少也要做得和爸爸一样！”

孩子觉得吃饭的时间就像在地狱中一样难熬。

父母们为了将子女培养成才而烦恼，遗憾的是，现实中很多父母却在重复着愚蠢的行为。这位在上学时每次都能获得全校第一的父亲肯定非常自信地认为自己也能将孩子培养为优等生。他是个好学生，但不是好教练。为了期待积极的效果而展示的成绩单，只会给孩子带来消极的作用。

好选手不一定会成为好教练。卢民相教练挖掘出被称为“海洋男孩”的朴泰桓的才能，将他培养为世界最优秀的游泳健将；金妍儿的母亲带着年幼的金妍儿去溜冰场，每当女儿摔倒的时候都会给予鼓励；希丁克教练发现了因为体格问题而无缘国家队的朴智星真正的实力和奋斗精神，将他培养为世界级球星……这些“伯乐”的共同点在于，他们以前并不是优秀的选手，却成为培养出世界级选手的优秀教练。他们是如何从平凡的人成为优秀教练的呢？

与晟豪一起学习街舞的时候，我明白了“母亲改变自己，才能让孩子改变自己”这个道理。尤其是当时我正在开一个自我主导学习培训班，这对我来说是非常大的收获。很多培训中心都试图通过各种学习法改变孩子，却不重视父母的改变，这让我感到非常遗憾。

为了成为称职的母亲，我以自己的观点为基础，学习了大量与子女教育有关的书籍。后来，读书已经无法满足我对知识的渴求，因此我亲自去接受有关教育。我决心更加有体系地学习子女教育知识，并将其用在孩子身上。为了改变孩子，我要首先着手改变自己。

“我还是先去首尔吧！”

首尔的教育在国内首屈一指，有句话说“如果有孩子就送到首尔”。深信父母首先要改变的我决定开赴首尔这个教育的最前线。我特别想了解社会各阶层的父母成功教育孩子的事例和具体方法，而当时蔚山的父母很少有人去思考这些事情。接下来的时间里，我去听了为期四天的Seven Habit（成功人士的7种习惯）教育课程，刚刚传入韩国的客卿教育课程,以及其他很多和培养孩子有关的课程。我的头脑中只有这个念头：

培养好晟豪的方法是什么？如何才能让孩子在社会上立足？

其实，我还有另一个愿望，就是如何才能让晟豪像学习街舞一样，快乐地学习知识？

学习街舞改变了晟豪的性格，我希望他的学习成绩也像这一样出现陡峭的上升曲线！但孩子不可能一瞬间改变自己，改变对人生的态度。

只要一有时间，我就会去首尔听讲。也有人对我这种行为不以为然，对我说："就算听再多，又能有什么用？"每当这个时候，我心里就会想：

"那也总比什么都不做好吧？至少以后我不会后悔！"

和我预料的一样，接受专业的教育后，我受到了很大的冲击。我原本以为自己对子女教育至少也有一定了解，但接触这些专业教育后却发现自己基本一无所知。不仅是我，很多和我一起听讲的父母也一样，虽然在自己的领域中获得了成功，但在子女教育方面却遇到了不少烦恼。

有一天，授课结束后，我和其他父母一起讨论。一位家长叹着气说道：

"我家的孩子是世界第一学府哈佛大学的学生。原以为他考上哈佛以后就不会再让我担心……哎，真郁闷。这家伙竟然对专业不满意，没经过我们同意就擅自休学。现在像流浪者一样满世界到处转。上大学之前，他一直是个非常听话的好孩子，现在也不知道在想什么……"

随着与这些为了孩子而烦恼的父母们交流，我终于明白，就算上世界第一学府哈佛大学，也会有人因为不适合自己而彷徨。由此也证明了，只追求成绩并不是全部。要想改变孩子，我们首先要不断学习并改变自己。通过专门学习领导力或客卿等子女教育课程并应用在孩子身上，我明白了一个道理，那就是，答案就在孩子身上！

作为私生子，长大后一度吸毒，甚至成为未婚妈妈的奥普拉·温弗瑞曾在社会最底层开始自己的人生，但是她坦然接受了命运。这样的她能够成为现今世界上最具影响力、最成功的人的原因是什么？她没有从小就教育她的父母，也没有向她伸出援手的朋友，但她还是能改变自己。原因只有一个，那就是她梦想着未来。她相信一个真理，只要对自己充满信心，好好努力，就能改变未来。

我也对孩子能够变得更好充满信心。我还确信，只要能发现让孩子发挥自身优点的才能，必定会得到令人满意的结果。

“有许多像奥普拉·温弗瑞一样不需要任何人帮助也能通过自信获得成功的人，而我的孩子背后有相信和支持他们的父母。只要我和丈夫一直相信孩子，帮助他们提高自信，他们必定会成长为最优秀的人才！”

我一直想象着孩子们的未来，我的努力逐渐开始得到回报。从全校最后一名到第一名，晟豪创造逆转奇迹的背后，有着我和丈夫不断的鼓励和支持。

小贴士

让家庭会议带来正能量

家庭会议不是为了争辩谁的观点正确，而是大家齐心协力去讨论如何解决问题。很多家庭会议因为意见不合，最终演变为吵架。家庭会议的目的，就是通过家庭成员之间的相互称赞，鼓舞每个人的信心。

想要提高孩子参加家庭会议的积极性，父母首先要敞开心扉。比如可以回顾之前发生的事情，征求孩子们的意见。提高孩子们的积极性，家庭会议已经成功了一半。家庭会议中达成口头协议并不难，但这种空口无凭的协议有时候很难被严格遵守。所以要签订家庭会议协议书，最后进行评价，这样能督促会议协定的执行情况；每次家庭会议结束后，都大声喊几句充满正能量的口号，可以调动孩子的正面情绪。

家庭并不是只靠父母的力量就能推进的团体，孩子可以从父母那里得到力量，父母也需要从孩子那里得到力量。这就是需要大家聚在一起开家庭会议的重要原因。

培养孩子的管理能力

不管是领导力教育还是客卿教育，随着学习的深入，将学到的理论应用到现实的过程中，我们会明白这一点：

对我们韩国的妈妈来说，日程表并不重要！

到现在还有很多母亲热衷于制定日程表来教育孩子，因为这种方法可以让孩子考上好大学。我不想贬低这样长大的孩子，也不想批评这种任何事情都由妈妈做主、很可能让孩子无法自立的教育方式。

我在这里想说的是，能够制定日程表并且付之行动的母亲只是一少部分。既有钱，又有时间和能力做到这一点的母亲，只要继续按自己以前的方法做下去就可以了。我并不想阻拦她们，但包括我在内的大多数平凡的母亲并没有多余的金钱和时间去做这些事情，就算制定了日程表也很难遵守。所以用不着为了制定详细的日程表而浪费时间，因为日程表制定得再好，也有可能失败。

我们这些平凡的母亲能选择的方法只有一种，那就是画一个大框架，按照框架培养孩子。我无法为孩子做全部事情，可是为了让孩子自己能够做好，同时培养管理孩子的能力非常重要。所以，孩子并不是我们的咨询对象，而是执教对象。我们不要成为顾问妈妈，而要成为关系更亲密的教练妈妈。既然很难成为制定详细日程表的顾问，那么就把重点放在通过真诚的对话为孩子赋予动机上。这样挖掘孩子的潜力会变得容易很多。

教育从提问和倾听开始

十年过去了，人们仍然在怀念改写韩国足球历史的世界著名足球教练希丁克。原因何在？难道只是因为他将韩国足球史无前例地带进了世界杯四强？不，他被人们怀念的真正理由在于，他将在韩国足坛蔓延的、只有靠关系才能得到机会的不良风气一扫而光，更多地挖掘出没有门路却年轻有为的选手，并把他们培养为世界级巨星。

读一读朴智星的自传就能明白，希丁克为何被称为名帅。作为主教练，他始终保持着积极的心态，给队员绝对的信任，使他们增强自信心、充满斗志。他也不会用斥责的方式指出队员的不足，而是会问“你拥有这样的才能，你觉得你应该有针对性地练习哪种技术”？通过提问，他让队员自己找到需要努力的部分。代表性的成果就是朴智星。在希丁克的循循善诱之下，身体单薄的朴智星学会了并不单纯依靠身体，而要用头脑踢球的方法，最终凭借自己的努力加盟世界豪门俱乐部——曼联。

听了许多子女教育课程后，我越来越确信自己的教育方法是对的。在球场内踢球的是队员，但让他们默默无闻还是成为世界巨星的关键则在于教练。父母与孩子同样如此。对此，我整理的学习客卿方法如下：

1. 所有的孩子都有潜力。
2. 答案就在孩子身上。
3. 为了挖掘孩子的潜力，母亲要成为孩子的朋友。
4. 孩子做得好要称赞，做得不好要鼓励，不要斥责。

接受学习客卿指导的父母经常会提出这样的问题：

“对于犯错的孩子，难道就不能教训或斥责他们吗？”

当然，我并不是说这样完全没用，但在教训或斥责，甚至使用暴力之前，我们需要扪心自问一下：

“作为父母，我为了让孩子改变，究竟付出了多大努力？”

没有付出多大努力，只看到眼前的问题就试图改变孩子，这么做，孩子很难会纠正自己的错误。

改变孩子的第一步始于父母与孩子之间真诚的对话。下面的就是客卿对话法的基本过程：提问→倾听→反馈

在对孩子提问之前需要记住的是，我们要直视孩子的现状，正确掌握孩子的情况，提出适合的问题。比如，有个孩子不喜欢上学。如果我们总是强迫讨厌上学的他上学，结果会怎样？这么做只会起到负面效果。我们首先要思考的是“如何才能让孩子明白在学校学习的意义”。我们

来了解以下的客卿对话法实例。

问：对你来说学校是什么地方？

答：是去玩并和朋友见面的地方。在家里玩很无聊。

问：学校里也不是所有孩子都在玩。不是也有认真学习的孩子吗？

答：是啊，那些倒霉蛋，以为学习好就自以为是。

与孩子进行真诚的对话，不管是成绩全校第一名，还是让所有人头痛的问题孩子都会自然而然地将藏在心底深处的渴望透露出来。

问：如果你学习变好，会有什么好处？你想过这个问题吗？

答：妈妈会高兴，在朋友中也会受欢迎，老师也会称赞我。

这些被印上差生和问题孩子等烙印、得不到老师和父母的关心、对学习失去信心、屈服于现实的孩子们，我切身感觉到我们周围有太多需要帮助的孩子们。

问：通过学习你想得到什么结果？

答：我想提高成绩，上好大学，证明自己的能力，得到人们的称赞，实现梦想……

孩子的问题越多，就越有强大的自我意识。问题孩子非常清楚自己的想法，他们有明确的目标。特别是成绩差的孩子，非常渴望提高成绩，想要让批评他们的父母和老师快快“闭嘴”。也就是说，他们迫切希望沟通，想得到父母和老师的认同。

问：哇，好棒！那么你需要在哪方面进行努力？

答：我认为需要减少打电话、发短信的时间，减少晚上去网吧的时间，多去学习，特别是在课堂上要认真听课。

问：原来如此。如果你需要改变的地方有十处，我们可以制定顺序，然后从第一个开始一步一步改变，你觉得这么做怎么样？

答：嗯……我觉得一开始很难做到长时间学习。我觉得最好在学习的时候关掉手机，以便集中精神。我的想法没错吧？

问：很好的想法。我可以看到你光明的未来！你与众不同！我相信你能成功。

面对讨厌上学的孩子，如果提出引导他们走向正确方向的问题，孩子们也能够自然而然地发现自身问题的所在，同时很容易找到解决自身问题的答案。真正的学习客卿提问就像上面提到的那样，是一种让孩子自己寻找答案的方法。

每当国歌响起，电视屏幕总会有一个经典场面，那就是在2002年世界杯时，韩国队与葡萄牙队的比赛中，朴智星打进制胜球后与教练希丁克拥抱的感人瞬间。

我们不是也将这种喜悦的结局当作子女教育的最终目标吗？当我们的孩子在人生中漂亮地“破门得分”后，奔向一直相信和鼓励自己的父母身边，紧紧地拥抱在一起时，不正是我们一直期待的吗？

既然如此，就让我们相信孩子吧。另外还要记住，首先从提问和倾听开始。为了让孩子明白自己的潜力，我们要进行正确的客卿。

小贴士

把“相信孩子”当作真理

伽利略时代的人们相信地球是平的，这在当时是人尽皆知的常识，可事实并非如此。地球是圆的——不管是事实，还是上升到真理层面。

就像伽利略时代的人们一样，很多父母提出质疑，明明看到孩子做出错误的行动、走向错误的道路，又如何去相信他们？也就是说，相信孩子并不是常识，而是真理。我们要推翻不相信和怀疑孩子的常识。

为此，我们首先要相信自己，相信自己能够相信孩子。

让人无奈的“直升机妈妈”

当孩子遇到困难的时候，突然“空降”到孩子身边、帮助孩子解决一切的妈妈被称为“直升机妈妈”。第一次听到这个词时，我感到非常苦涩。在这样的妈妈身边长大的孩子，虽然有妈妈的帮助能够避免眼前的痛苦，但总有一天会付出代价，到时候会经历更大的痛苦。实际上，就算孩子进入大学后学分不理想，这些妈妈也会给教授打电话，请教授关照；就算参加工作，这些妈妈也会给上司打电话，请上司不要给孩子分配太多工作。事实上，包括这些直升机妈妈在内，很多母亲都在抱怨：

“我家孩子如果没有我什么也不会做，哎……”

事无巨细，什么都要替孩子操心，妈妈们当然会很累。但如果窥视她们的内心，我们却能看到不同的情况。没有任何反抗，乖乖听话的孩子会让她们很有成就感！甚至有时候会将孩子听话当成向人们炫耀的资本。

问题在于子女的人生还很漫长，而我们的人生却不是。当我们离开孩子的身边，很长时间内，孩子都要独自面对一切。现在只因为孩子不会做而帮他们做任何事情，当我们不在的时候，他们的人生就将举步维艰。

孩子的问题要让孩子自己去解决，父母的作用只能是在孩子身边帮助他了解问题，并让他自己寻找答案。想要做到这一点，首先要从对话开始。如果发现孩子有问题，就向他提问：

“你今天有什么事吗？”“你怎么了？”

耐心倾听孩子的回答后，我们还要说。“不管怎么样，妈妈一直相信你。”

长此以往，我们就会发现孩子变得不一样了。

妈妈们为什么听不进孩子的话？

一位妈妈带着上小学低年级的女儿来向我咨询。

孩子非常可爱，但我感觉有点奇怪。因为这个年纪的孩子应该非常活泼或者见到陌生人后会比较害羞，但那个孩子的表情是对什么都无动于衷，而且还半张着嘴，不停地左右摇头。

“孩子原本就不太说话，不久前开始，几乎一句话也不说，并且有奇怪的习惯……医院里说是儿童抽动症……”

妈妈的眼中噙着泪水。儿童抽动症是一种由于肌肉痉挛，不由自主地做出异常行动或发出奇怪声音的疾病，直到现在还不知道具体的病因。遗传因素和精神因素被认为是诱发该疾病的主因。孩子的妈妈为了治疗儿童抽动症到处寻医，最后来到了我这里。

孩子不会主动和父母说话，如果父母问她，她只会像机器人一样回答“嗯”。不会说出自己任何的想法，或者说根本就什么也不想，只是呆呆地坐在那，并且不由自主地做出异常的行动……我眼前这个美丽的女孩到底出了什么问题？

一个小小的线索让我非常意外地找到了问题的突破口。在咨询的过程中，孩子的妈妈突然拿出厚厚的册子查看，告诉我已经到了该送孩子去补习班的时间，问我可不可以下次继续。虽然有点失礼，我还是询问孩子的妈妈可不可以把册子给我看一看。果然和我预料的一样，她的本子里密密麻麻地记录着孩子每天的日程表，非常详细，几乎没有休息时间。包括吃零食在内的时间都有规定。原来关键问题不在孩子，而在父母。

我又看了看孩子。现在，我仿佛能看到她漠不关心的表情深处隐藏着的情感。孩子没有自由，任何事情都无法自己做主，只能按照妈妈的意思去做，对压抑的现实感到绝望，使孩子彻底关闭了情感沟通的大门。我觉得这种可能性非常高。

后来又进行了几次咨询。在这过程中，我尝试给孩子创造各种机会，让她能够自己做出选择。比如挑选想吃的饼干，挑选想喝的饮料，画想画的东西等……和我预料的一样，孩子就连挑选想吃的饼干这种事情都感到很陌生。孩子很容易封闭内心，但也同样容易敞开心扉。面对总是将选择权交给她的我，孩子慢慢地开始与我交流，最后向我透露了一些她自己的想法，并让我一定要和妈妈保密。孩子的话非常简单：

“不管我说什么，妈妈根本就不听！”

就像童话《国王的耳朵是驴耳朵》一样，当我们无法对人倾诉自己的想法时，就会感受到极大的痛苦和压力。如果小理发师没有对树木喊出国王的秘密，他会变得怎么样？我想他肯定会发疯。这个孩子的情况与那个小理发师非常相似。

韩国著名作家朴庆哲曾经说过：“脸对着脸与孩子说话”就是自己的教育法。与孩子对话的时候将身体放低，使自己和孩子保持相同的高度，真正的教育就是这样开始的。他知道只要认真地倾听，就能得到出色效果的道理。

倾听是客卿领导力教育的基础。倾听是得到对方的心，形成信赖关系最重要的行为。但为什么我们这些母亲不喜欢听孩子的话？很多母亲觉得孩子就要在命令和指示下才能学好，并错误地认为无条件倾听孩子的话、对孩子的意见全部支持的母亲并不称职。事实上，我们所了解的母亲几乎都这样。她们总是会命令孩子做这做那，喜欢完全控制孩子。不仅是父母，学校里的老师、公司里的上司都是这样的。我们也没有经历过倾听训练，辩论训练倒不少。书上到处都能看到表达自己的想法，说服对方的方法和技巧，却没有书介绍如何去倾听。如果孩子需要正确表达自己想法的训练，那么父母就需要认真倾听孩子想法的训练。认真倾听到底应该怎样去做？如果认为只是闭上嘴、默默地听对方的话，那就大错特错了。

第一，首先要制造倾听的环境。如果孩子说话的时候正在做其他事情，那么我们就要立刻停下来。很多父母在孩子说话的时候照样干自己的活，基本上是左耳朵听右耳朵冒，或者采取居高临下的姿态。父母已经习惯了这种方式，没有其他想法，孩子却不这么想。

在花展中有一个孩子看到美丽的玫瑰后一直哭泣，父母实在不知道孩子哭的原因，直到他们蹲在地上后才明白。原来孩子个子小，无法看到玫瑰，只看到了尖刺和叶子上的蚜虫。因此，对话的第一步是脸对着脸，盯着对方的眼睛。比起用嘴说话，要更多地用眼睛说话。

第二，去除妨碍对话的要素。如果孩子与我们说话的时候，旁边还开着声音很大的电视，我们就无法听清孩子的话，也无法集中注意力。另外，我们还需要不去想自己的事情，这是最难做到的。听孩子的话时，我们经常会想自己的事情，因此无法专心去听。

第三，听的时候要表现出最大的反应。不要让孩子觉得与我们说话就像对着墙壁说话一样。举个例子，在我接电话的时候如果没有任何反应，只是默默地听，对方会问我："您在听吗？"盯着孩子的眼睛，时而点头，时而发出感叹，让孩子看到我们认真倾听的样子非常重要。就像往一首歌词中加入曲子一样，不管歌词多美，没有曲子就无法唱出动听的音乐。另外，如果孩子说话没有条理，父母可以用通顺的话反问孩子，以帮助孩子明确地表达意思。

第四，与孩子的内心产生共鸣，而不仅仅是听他们说话。倾听需要跳过只是听孩子说话的简单行为，要成为与孩子形成信赖关系的积极行为。倾听是让孩子认为父母亲切而体贴的捷径。

虽然无法断定那个孩子患上儿童抽动症的主因就是父母独断专行的教育方法，但它确实给孩子的心理带来了恶劣的影响。实际上自从对母女二人、尤其是母亲进行指导后，孩子封闭的内心终于敞开。她们母女的关系变得融洽了许多。当妈妈对孩子说"对不起，真的对不起"时，孩子的眼中流下了喜悦的泪水，至今让我无法忘记。

想改变孩子，首先要改变我们对孩子的态度。站在孩子的立场上倾听孩子的话，这样就可以创造惊人的奇迹。相应的，孩子也会站在母亲的立场去理解母亲。

小贴士

和孩子共度快乐时光比获取教育信息更有意义

最近几年，很多母亲自创并运营与子女教育有关的社区。网上也有很多拥有庞大会员的子女教育网站。

不管是在首尔，还是在其他地方，只要是教育比较火爆的地区，母亲们在送孩子去学校后，总会专门聚在一起讨论各种教育技巧。为了孩子的教育，母亲们会相互分享各种教育信息，而我对这种聚会带来的积极效果并不否定。

可遗憾的是，与努力给孩子们创造更好的教育环境相比，父母们与孩子一起度过的快乐时光却太少！很多家长把时间用于和其他母亲一起分享教育信息，或者给自己充电。其实能与孩子们一起快乐地做同一件事，其中的教育意义更大。

当孩子犯错时，要更加尊重孩子

“打是疼，骂是爱。”（这是父母盲目相信的子女教育法中最坏的一种方法。）

我们大多数人在小时候都挨过打。在家里被爸爸和妈妈打，在学校被老师打，因为成绩下降、没有做作业……被打几乎是每天的必备课程，画家金弘道的作品《私塾》让我们感到非常亲切的原因之一，恐怕就是画中被先生体罚后哭泣的孩子，引起了我们的共鸣。就这样，我们不知不觉中熟悉并认可了体罚。所以直到现在，还有很多父母不反对向犯错的孩子使用体罚。

我也曾体罚过晟豪。晟豪小时候，我和他约定，如果他犯错就打他。每次他弄坏东西或和朋友打架，我就会果断地对他进行惩罚。不过有一天，我偶然看到了晟豪的日记本，里面的内容给我带来了很大的震撼。

> 我被妈妈打了。好疼，虽然我们约定如果我犯错就要挨打……我很想向妈妈顶嘴，但我忍住了。

体罚的意义在于让孩子反省自己的错误，不再犯同样的错误。但是晟豪的日记本里记录的，与反省的内容相比，更多的是对我的恨意。虽然晟豪在我面前哀求着认错，但看到他的内心想法后，我意识到真正错的人其实是我自己。

我也曾害怕和讨厌只要一犯错或者成绩下降就打我的父母，可是没想

到我也沿袭了这种不好的教育方法……不管是好的教育方法还是坏的教育方法，从小开始接受的话，就会在长大后不知不觉中对自己的孩子使用。想到这些，从那天开始，我再也没有使用过体罚。

自从放弃体罚，我又走了一段弯路。对爱捣蛋、经常犯错的孩子放任不管，这是不负责任的行为，所以必须寻找适合的教育方法。但我将书中介绍的各种方法都用遍，竟找不到适合孩子的方法。

最终，我找到了“检讨书”这个方法，就是孩子只要犯错，我便会让他们写检讨。只不过形式上并不是我们印象中的普通检讨书。我根据“何人、何时、何地、何事、何因、如何发生”这种六何原则，让孩子将犯错的理由和过程及结果和感想一目了然地写出来。目的是为了让孩子们对自己的行为进行逻辑分析，去判断自己的行为错在哪里。我觉得非常重要的一点是遵守与孩子的约定。既然答应原谅孩子，就算对检讨书的内容不满意，心里不痛快，我也会遵守约定。

在检讨书的最后，我会让孩子们从自己读过的书中节选喜欢的文章写在里面。这种方法使孩子们能够进行逻辑写作练习。孩子们将童谣、诗词、自己喜欢的故事尽情地写上去，检讨书反而成为对孩子有益的学习工具。

我始终将两个孩子比喻为花，并认为打孩子的行为等于将花从枝头无情地掐下来。当孩子犯错的时候，我们反而要更加尊重孩子。没有必要一定让孩子写检讨书，重要的是我们要明白比体罚更有效的手段有很多。父母的作用就是努力去寻找适合孩子的方法。从母亲努力去寻找方法的那一刻起，孩子的变化就会随之开始。

不要用“言语”体罚孩子

这是老二晟俊上小学四年级后不久发生的事情。班主任来了电话，说晟俊突然开始哭闹不止，甚至呕吐。

班主任还告诉我，校医在为晟俊检查后发现他心脏跳得太快，最好让父母带孩子去医院进行详细检查。作为父母，听到这些话后能不惊讶吗？当时我的心脏仿佛要跳出来。晟俊的身体一直非常健康，这样的孩子心脏竟然会有问题？我感觉到肯定是发生了什么事情，因此详细询问，最后班主任犹犹豫豫地说了出来。

“其实是晟俊无法解答数学题，他比起其他同学理解能力差太多，我实在着急，所以骂了他一句：‘你这家伙还是背着书包回到三年级吧。’没想到从那时开始晟俊就突然哭闹和呕吐……”

听了这几句话后，我眼前一阵眩晕。一想到因老师无情的斥责受到极大伤害，哭得筋疲力尽、躺在医务室床上的孩子，我就感到心痛不已。

晟俊对数学没有兴趣，成绩当然也不会好。但我并没有让孩子去补习班弥补落后的科目，而是让孩子快乐地玩耍，在家里尽情地读书。我深信学习的基础是“读书”，孩子学习差的时候，读书更是最好的方法。我始终以“做好就称赞，做得不好就鼓励”的方式对待孩子，所以我无法想象他听到老师无情的斥责后会受到多大的压力。

换作其他家长，这个时候会怎么做？虽然这不是直接的体罚，但是我的孩子因为老师的斥责而受到很大的伤害！应该会有很多父母立刻跑到学校好好出一口气吧。

说实话，我也想这么做。我的孩子受到精神上的伤害，我怎么能无动于衷？

假如我们了解会伴随我们一辈子的 PTSD[1]，就能知道除了身体上的创伤，精神上的创伤也非常可怕。小的时候从别人那里听到一句让自己心痛的话造成的伤痕会很长时间无法抹去，一直清晰地留在自己的脑海中。所以，就算非常自信地说“我绝对不会体罚孩子”的父母也并不一定就是好父母。有时候就算不拿起鞭子，我们也能每天用语言“体罚”孩子。

我很想跑到学校找老师算账，但最后还是将不断涌出来的怒火压了下去。说不担心晟俊以后会被老师穿小鞋，那肯定是假的。很多母亲们对学校不合理的处事方式常常敢怒不敢言，其中的原因就是担心孩子会

[1] Post-traumatic stress disorder，创伤后压力心理障碍症。

被报复。何况就算找班主任算账，又能得到什么？于是我努力使激动的心情平静下来，说道：

“晟俊看来受到了刺激。晟俊做什么都慢吞吞的，您说那句话，也是因为替孩子着急。老师，为了晟俊，我需要做什么？希望老师指点，我会去努力的。”

“这？啊，这……”

或许是因为我过于平静的反应，老师的声音显得非常慌张。

那天下午，从学校垂头丧气地回来的孩子没有透露任何事情。虽然经历了一件大事，但他故意隐瞒。或许是因为自尊心，觉得丢脸，或许是怕我担心。让人意外的是，这种时候孩子通常会比父母还要深沉，将所有的问题藏在心里，独自忍受。我装作不知道，向他询问：

“晟俊，今天学校里有什么有趣的事情吗？”

“嗯……和以前一样。”

看到装作没什么事情、敷衍了事的孩子，我的心仿佛要被撕裂。该如何治愈孩子的伤痕呢？如果处理不当，会影响孩子的一生，孩子会彻底失去学习的兴趣……晟俊让我忧心忡忡。

第二天，从学校回来的晟俊给我捎来了一封信。

“老师让我交给妈妈。”

“……”

我感到很意外，打开信封一看，里面有两张折叠得非常整齐的、亲笔写的信。内容大致如下：因为要照顾35名淘气的孩子，老师非常疲惫，压力很大，所以看到赶不上学习进度的晟俊，没有忍住，责骂了他。晟俊性格温顺，和同学们相处得很融洽，现在老师非常担心晟俊受到伤害，感到非常抱歉等等。最后老师还提出建议，最好让孩子去补习班，以赶上学习进度。

班主任亲笔写的信中包含了承认自己的错误，想要弥补的心意。明白了老师的真诚后，我才放心，并决心将这次事件当作转祸为福的契机。我立刻给老师打电话表达谢意，并再三拜托老师，我的孩子比起同龄的其他孩子有很多不足，但我会努力，希望老师不要斥责孩子，而是用称赞来代替。

现在的问题是晟俊。过了好几天，晟俊还是没有提那天的事情。不管我怎么引导，孩子还是毫无反应。我担心这样下去会给孩子留下一生的伤痕，所以我最终先开口了。

“晟俊，如果是妈妈遇到你这种事情，我也会讨厌上学。我是四年级，让我回到三年级太过分了。”

听到我的话的一瞬间，晟俊的眼中就像决堤一样涌出泪水。

“妈妈也知道这件事了？”

“嗯，妈妈原本想等晟俊亲口告诉我，可是晟俊太辛苦了，所以……”

“妈妈，我……我每天上课前都会躲在学校后面，等上课铃响别的孩子都进教室以后，才从教室后门偷偷进去。要去我们的教室就要路过三年级教室，我觉得很丢脸……三年级的学生，还有我们班的同学们可能会嘲笑我……”

一想到孩子每天都在担惊受怕、战战兢兢，我感到眼前一片黑暗。

在孩子幼小的心里藏着多大的委屈呢。看到痛哭的孩子，我再也忍不下去，抱着孩子一起痛哭起来。

“没关系，没关系的。晟俊，你只不过是学得慢一点，就算慢一点也没关系……就算你得到零分，妈妈一点也不在乎。这算不了什么……”

我用发明大王爱迪生的故事不断鼓励晟俊。

“爱迪生学习也很差，每天都会被老师责骂，但他最后呢？不是成了世界上最伟大的发明家吗！妈妈相信你，你就是爱迪生！只是现在人们不了解你。晟俊长大后一定会成为伟大的人。”

一直意志消沉的晟俊在我和丈夫持续的鼓励下逐渐恢复了原本开朗的性格。特别是班主任不再责骂晟俊，而是用称赞和鼓励对待他后，晟俊变得更加阳光和自信。不是有句话叫“称赞可以让鲸鱼跳舞”吗！

不过，晟俊的数学成绩还是一直在平均线以下徘徊，直到高中毕业。他一直对数学不感兴趣，甚至最后挑选了完全不要求数学成绩的大学。但我还是一直没有强迫晟俊学习数学。如果花大量时间和精力补习数学，当然也可以提高数学成绩，但让孩子把时间花在讨厌的数学上，就势必要失去在其他方面的机会。

除了数学外，晟俊还有很多喜欢并且擅长的事情。实际上晟俊非常喜欢运动，特别是篮球，在街头篮球方面他甚至能在蔚山排进前几名。晟俊通过和朋友们打篮球学习了团队协作能力，并以充沛的体力专心学习，在高三的时候成绩提高了200%，最终进入自己喜欢的大学。

在现实中，很多母亲和老师会用怀疑的眼光看待比同龄人发育缓慢的孩子，其中最困难的人是孩子自己。孩子最敏感，也最能感觉到别人对自己的怀疑。越是这个时候，父母越要相信孩子。当孩子受到伤害和遭受挫折的时候，母亲要做的是治愈和再充电。

孩子越是遭受挫折，我们就越要为孩子提供更多的发展途径。为此，我们首先需要相信自己。因为只有相信自己，我们才能相信孩子。“你可以做好！”说这句话并不需要多高的学历和经济实力。一句话可以给孩子带来伤害，也可以带来力量。那么，我们需要对孩子说什么样的话呢？

小贴士

即使父母文化程度低，也不要放弃教育孩子

很多母亲在孩子上低年级的时候，对学校的课程有信心，会亲自教育孩子。一旦孩子上了初中和高中，她们就会觉得自己的知识不足，不再负责教育。

其实就算父母的受教育程度低，也不用放弃教育孩子。我们可以做到聆听孩子的烦恼，与孩子一起寻找方法。

并不是最好的选手就可以成为最好的教练。我们可以成为最好的教练，所以一定要有将孩子培养成才的勇气。

相信“成绩”的妈妈和相信“孩子”的妈妈

有一天，一位接受客卿指导的妈妈来找我，说自己的孩子离家出走，求我帮忙。对我这种爱管闲事的人来说，这种事情自然无法拒绝，我当仁不让地到处打听，最终发现他和其他离家出走的青少年在一起。他好几天没回家，浑身脏兮兮的。于是，我对他说：

“听说你离家出走了？哇，现在你都可以自己决定自己的人生了！”

听到我的话后，那个孩子非常惊讶。他原本以为我可能会好好教训他，然后把他带回家，却没想到我说话的方式和其他人完全不同。我继续问孩子：

“你为什么要离家出走呢？”

孩子犹豫了一会儿，说自己想从每天都让他学习、学习、再学习的妈妈的唠叨中摆脱出来。实际上有很多孩子离家出走的原因都是父母的过度干涉和强迫孩子学习。孩子也知道父母是为了自己好，一两次还可以，每天不断重复地听，孩子最终也会忍不住，离家出走。

“出来后你觉得怎么样？你以后有什么打算？”

我和孩子开始聊他的住宿和生活等问题。果然和我想的一样，孩子的生活非常艰苦。我有意无意地问孩子：

“你觉得到处流浪有意思吗？如果这种生活持续下去，你觉得你的人生会变得怎么样？”

“……”

听到我的话后孩子垂下了头。

我见过很多离家出走的孩子，其中有获得全校第一的孩子，也有获得倒数第一的孩子。除了家庭暴力这种严重的情况外，大多数离家出走的理由都很相似，就是与父母的沟通出了问题。几乎所有父母都坚信，孩子只要学习成绩好就可以。父母们并不是相信孩子，而是相信成绩。

我曾问过一位因孩子讨厌学习而与孩子像仇人一样的母亲：

“您对孩子的行为那么不满意吗？”

那位母亲仿佛找到了释放压力的对象，开始向我倾诉孩子的种种不好。我听了一段她的倾诉后，问道：

“我想问您，如果您的孩子明天就要死去，现在您最希望孩子做哪三件事？”

听到我的问题后那位母亲立刻变得沉默起来。想了一会儿后，那位母亲回答：“我希望孩子能没有痛苦地……我希望孩子能叫我一声妈妈……”还没有说完，她开始放声大哭。何止是那位母亲，在说出三件事之前，几乎所有母亲都会哭，并且终于明白，成绩并不是一切。

物质原本就有自己的波动性。所有的物质都不同，包括人也是。但父母们对子女却要求完全一样的波动——那就是学习好的波动。盲目相信孩子的成绩。事实上，我们真正相信的应该是孩子。我们要了解孩子想要什么，了解孩子的波动。

我拍了拍那个孩子的肩膀，想给他带来勇气。

“你无法改变你的父母，但是你能改变一点，那就是你对父母的看法。你是不是觉得很累？如果不想累，你可以稍微改变一下想法。怎么样，这一点你应该能做到吧？”

或许是我的说服产生了作用，孩子结束了在外几天的生活，回到了家。我给孩子的妈妈打了电话：

“或许您会火往上涌，不过您最好不要对孩子生气，而是去拥抱孩子，那样孩子才能振作起来。”

几天后，孩子的妈妈给我打来了电话。她告诉我，当孩子回到家后，她伸手去接孩子的行李，努力对孩子说“谢谢你能够回来”。没想到的是，孩子立刻说“妈妈，我想吃您做的面”。说这些话的时候，那位母亲的声音中充满了温情。看来问题正在一步步解开。

母亲和孩子有世界上最亲密的关系，就算吵架，离家出走，能在回到家的时候说“我想吃妈妈做的面”的人只有我们的孩子。所以，请一定相信我们的孩子吧。

对孩子而言，父母是他们在世界上最好的朋友！

我的一个熟人的女儿，上大学后参加了与自己专业毫无关系的摄影俱乐部。孩子的梦想是成为摄影家，但是因为成绩优秀，所以在父母的要求下被迫进入名牌大学读文科专业。离开父母怀抱的孩子，瞒着父母将自己的专业丢在一旁，开始游历全国，到处摄影。或许是有天赋，她的实力逐渐得到认可，几年后终于举办了个人摄影展。后来已成为出色摄影师的孩子邀请了在农村的父母来参观摄影展。然而，赶来的母亲却说了这样的话：

“难道你只是为了让我们看这些玩意而把我们叫到首尔的吗？”

听到这句话，孩子的脸色瞬间变得苍白。站在旁边的朋友低声说道：

“她真的是你的亲妈妈？”

虽然成为摄影师违背父母的意愿，但孩子从事着自己喜欢的工作，并且认真努力，最终举办了自己的摄影展。孩子希望得到父母的承认，听到父母的称赞，结果却是受到了极大的伤害。

就像这样，很多父母很少对子女说称赞的话，但斥责子女的话却能够随口而出。因为这种习惯也是从我们的父母那里学来的，自己这辈子也是这样过来的。

如何才能将我的孩子培养成才？

答案就在我们身上。为了将子女培养为最优秀的人，父母首先要成为最优秀的父母。像前面的故事一样，自己没出息，却希望子女能成为最佳，这是贪婪的妄想。因此，为了将孩子培养成才，我们首先要扪心自问：

“我应该成为怎样的父母，我希望在孩子眼中是什么样的父母？”

父母的答案各式各样，有经济实力的父母会选择为孩子提供最好的教育，学历高的父母则会传授自己亲身体验的技巧。问题在于，并不是所有的父母都具备一定的经济实力或者较高的学历和丰富的知识量。但我们也没有必要灰心丧气。就像前面说的那位将成绩单铺在餐桌玻璃下的父亲一样，最优秀的选手也可能会做出最坏的选择。问题是很多经济实力不足、学历不足、知识量不足的父母在孩子的教育上像失败者一样行动。也许，在孩子的教育上没有正确答案。不，只有一个正确答案，那就是父母要有属于自己的教育哲学！

我和丈夫的教育哲学就是前面反复强调的“相信孩子”，我们希望通过信任成为孩子眼中最棒的父母。我和丈夫需要为此而做什么，我们一直在思考。想出的其中一个办法就是“专注于孩子的梦想”。

很多父母都会问年幼的孩子：“我家的宝贝长大后要做什么？”

我要当总统，我要当邮递员，孩子会兴致勃勃地说出自己的梦想，而父母会美滋滋地抚摸孩子的头。但只是到此为止。“孩子的梦想都是这样，明天又会改变。”父母们心里会这样想着，并不再关心这件事。不同的是，我和丈夫决心进一步行动起来。

晟豪的第一个梦想是成为厨师。他想制作世界上最美味的料理，给爸爸妈妈和弟弟品尝。我和丈夫并没有把孩子的话当耳边风，为了晟豪的厨师梦，为他提供了丰富的经历。

我们带晟豪去了在蔚山生意最好的紫菜卷饭店，让他了解制作美味紫菜卷的方法；又带他去最高级饭店见识丰富的法国料理；还带他去著名的日式餐厅，拜托厨师长指点晟豪成为厨师需要在哪方面进行努力。全家人在家里包饺子的时候，我们会包恐龙、机器人等形状的饺子，同样是为了提高晟豪对饮食的兴趣而努力。我现在还清晰地记着借来四十卷的长篇漫画《将太的寿司》后全家人兴致勃勃地一起看的情景。

当然，晟豪也像其他孩子一样，很快就收回了厨师梦，又开始做其他梦。可我们并不觉得我们的努力会白费。我们送给了孩子丰富的经历和美好的回忆，还有比这更好的教育吗！

2009年，入伍海军的晟豪给我们寄来了一封信，里面写着这样一句话：

爸爸妈妈，你们是我在这个世界最好的朋友，我爱你们！

看着信，我的眼眶变得湿润了。旁边一起看的丈夫干咳了几声，说道：

“这家伙，就好像见识过世界上所有的父母一样！”

那不是其他人，那是我儿子的评价，这对我们来说比总统的表彰更有意义，比世界上任何东西都有价值。对我来说，甚至比遇到丈夫、恋爱结婚的时候更加幸福，这是我人生最好的礼物。这一时刻是“成为好父母”的梦想实现的时刻。

晟豪说道：“我感到非常神奇，在我成长的过程中父母一直告诉我，‘没有你做不到的事情’。他们从不对我讲消极的话，总是鼓励和称赞我，并且帮助我通过失败吸取教训。我非常感谢这样的妈妈和爸爸。”

从孩子那里得到的最好的赞辞应该也不过如此吧！

那位辛苦地来到首尔却给孩子留下伤痕的母亲后来对我说了后悔的话：

“在那种场合下，我为什么要说那种话。一想到孩子受到的伤害，我就……”

“您想和女儿恢复关系吗？”

对我的提问，那位母亲立刻点头。

“当然想。我真的很想和孩子好好相处。可每当看到孩子，我却很难控制自己的行为。”

“您不要自责，我们也都是这么过来的。现在也不晚，请给孩子打电话，告诉她，‘妈妈没有去理解你，对不起’。”

不久后她给女儿打了电话，鼓起勇气向女儿道歉。因为她的道歉，母女之间的紧张关系冰雪消融。

妈妈的积极行动可以改变孩子。父母去接近孩子，孩子自然也会去接近父母。

我培养孩子的方法有时候看上去自由放纵，但其中的基础在于对孩子的绝对信任，同时相信孩子的梦想和意见。如果您为直到现在还让您费心的孩子而烦恼，不管自己怎么努力都无效的话，那么可以试试将精力专注于孩子想要走的方向。

小贴士

孩子表现不好时也要鼓励他

当孩子做得不好时，有些严厉的家长甚至很难用“没关系，下次你肯定能做好”之类的话来安慰他们。

也有很多时候，孩子们觉得家长的话不可信，明明自己表现很差却被称赞，他们会因此而感到羞愧，反过来责怪父母。这个时候，家长如果告诉他们：“你们就是最优秀的。犯一次错误又怎么样？不要紧！爱迪生和爱因斯坦曾经学习也很差。妈妈认为你们就是天才！”效果会更好。

也许听到家长的话以后，孩子们会觉得很有趣，甚至忍不住哈哈大笑。但不知不觉中，他们也会逐渐相信自己是天才，越来越有自信。

夫妻禁止公开吵架

有一天年幼的晟豪从学校回来后问我：

“妈妈，什么是夫妻吵架？”

“爸爸妈妈的意见不同就会吵架，锅碗瓢盆到处飞。”

“妈妈也和爸爸吵架吗？”

“当然，哪有不吵架的人！”

我笑着回答了晟豪。晟豪侧着头想着，从脸上的表情来看，他觉得非常神奇。

“真奇怪，为什么我从来没有看到妈妈和爸爸吵架？”

“因为我们是偷偷吵架，你自然看不到。”

“啊，原来如此……您知道吗？今天我们班的同学因为爸爸妈妈吵架，就连早饭也没吃。”

无数的教育类图书都介绍过这个问题，因为太重要了，我只能再次重复。不管有什么事情，绝对不能让孩子看到夫妻吵架。虽然吵架不可避免，但必须要在孩子看不到的地方进行。

安哲秀教授曾表示，他们夫妻在吵架的时候会使用尊称，理由很简单，那就是他不习惯对别人使用卑称。据说安哲秀教授的母亲在他小时候对他使用尊称。甚至当他犯错、被训斥的时候，他的母亲也会使用尊称。从这一点来看，培养出今天的安哲秀教授，大部分功劳都在于他的父母。

虽然我们家不会对孩子使用尊称，但至少绝对不会在孩子面前吵架。

有人曾说，家里就要吵吵闹闹，这样不管是夫妻关系还是家庭成员之间的关系才变得亲密。事实并非如此。增进感情并不是通过吵架，而是通过互相关爱。互相关爱的时间都不够，哪有工夫去吵架？

很多母亲都惊呼："孩子沉迷于暴力低俗的游戏，这下麻烦了。"其实，孩子经历的比游戏更暴力的体验就是目睹父母吵架。有一项研究结果显示，孩子年纪越小，目睹父母吵架的时候受到的压力就越大，会对健康性格的形成产生负面影响。

为了让孩子学会尊重他人，并得到他人的尊重，我们在家里就要形成互相尊重的关系。其中第一步就是禁止夫妻公开吵架。

我的人生是什么？我想成就什么？

我需要将我的能量用在哪里？做出这些决定非常重要。

因此，我定下了这样的座右铭：

“确定想翻越的山，这将决定人生的一半。”

不加选择就去攀爬，等于迷失方向。

——孙正义

IT'S OK
I BELIEVE YOU

03
第三章

教练妈妈，You can do it!

“只要找到自己喜欢做的事情，你就会幸福。所以你要努力去寻找喜欢并适合你的事情。”

当我们相信孩子时，孩子才会有勇气去寻找可以让自己幸福的道路。父母的信任是孩子勇气的源泉。请相信孩子吧！

创造适合孩子的好老师

《论语》中有一段话说，孔子面对向自己行束修之礼的人，一般会欣然收为学生。“束修之礼”中的“束修”指十条腊肉，意为学生入学敬师的礼物。

在那个时代，十条腊肉的价值究竟有多大？据史料记载，在孔子生活的春秋时代，学生与教师初见面时，必先奉赠礼物，而束修是所有礼物中最轻的。所以“束修之礼”也指最轻的礼物。孔子收学生并不是为了赚钱，所以即便学生送最轻的礼物，他也会欣然接受，而礼则不能省。对他来说，“礼”是人类社会的根本。

不管是孔子那个时代还是现在，遇到好老师都非常重要。每到新学期开始，妈妈们的神经就会变得紧张起来，哪个老师教得好、哪个老师水平不高等小道信息就开始在妈妈们中间传播。孩子的班主任名声好，妈妈们会长出一口气，相反要是遇到名声不好的班主任，整个家庭的气氛就会变得阴沉。家长们生怕老师不喜欢自己的孩子，并因此而战战兢兢。

那么，我们换个角度思考怎么样？父母都有切身体会，好老师不容易找。教书的老师尚且难找，人生导师这样的老师呢？那更是可遇而不可求。既然真正的好老师很难找，我们是不是可以换个思路，去思考如何创造出一个好老师？

初中一年级的时候，有一天，晟豪放学回家后对我说：

“妈妈，老师让我们明天交自己画的一只鸡，该怎么画呢？”

原来，他们在学校学习金裕贞的小说《春天，春天》，老师给他们留的作业是让他们想象小说中主人公追逐鸡的场面并画出来。

“晟豪，你不知道鸡是什么样的吗？”

“在电视里看过，但我不知道该怎么画。”

看样子，晟豪好像没见过真正的鸡。大人认为很平常的东西，孩子却往往并不了解。

这个时候，我正好想起我家附近的美术班，教美术的老师是一位在国家美术展获奖的画家，所以很多孩子都来这里学习画画。我想趁这个机会让孩子体验另一种经历，所以向他提议说：

“晟豪，你愿不愿意学习画画？”

晟豪在犹豫，他并不是很乐意。虽然他比之前开朗了很多，但他还没有完全克服害羞和怕生的性格。于是，我瞒着晟豪偷偷地去找那位老师。我告诉老师，我家的孩子性格内向，只喜欢玩电脑游戏，不过我家的规矩是任何事情都要至少尝试两次，我一定会带孩子来学习几次，但只希望老师能答应一件事。

“老师，就算孩子画得不好也没关系。请您不要责备他，多称赞他。”

听到我的话，那位老师显得非常意外，笑着对我说：

“其他母亲都拜托我一定要让孩子好好学画画，或者是如果孩子上课时淘气，让我尽管教训。您这样的要求，我还是第一次听到。”

或许是因为我另类的请求，画家老师与我不知不觉中开始讨论起子女教育。

我送晟豪去美术班的目的绝对不是想将晟豪培养为画家。我只是把画画当作教育孩子的手段，如果因为孩子画得不好而批评，反而得不到效果。画画是正确观察世界、表达思想的众多方法之一，通过接触并组合各种颜色和线条，可以极大地培养孩子的想象力。只要孩子能快乐地画画，沉醉其中，我还能奢望什么？当然，如果能通过画画发现自己的才能那是最好不过了。

艰难说服晟豪后，我终于带他去了美术班。另外，我和晟俊也都报名参加，三个人一起学习画画。不得不说，画画真的非常有趣。两个孩子歪歪斜斜地画着不知道是什么的东西，脸上乐开了花。即便画得比别的孩子差，也没有人说他们，再加上老师耐心地指导和鼓励，怎么可能会不喜欢呢。只要我们三个人一起去美术班画画，洗衣机里就会多出一大堆要洗的衣服。我们三个人的脸上、手上、衣服上都会沾满各种染料。有一天，我看到一些衣服因为洗不掉染料而准备扔掉，向孩子们提议在衣服上画画。最终我们穿着画着油画的衣服，大摇大摆地走在大街上。但令人感到意外的是，展现出美术天赋的不是晟豪，也不是晟俊，而是我。老师鼓励我四十岁不算晚，甚至建议我进行专业的画画练习。虽然最后没有接受老师的建议，但我再次切身感受到为了发现孩子的才能，帮助孩子寻找适合的梦想，父母需要付出的努力有多么重要。

“如果我的父母在我小时候帮助我寻找才能，那该多好！或许现在的我正在巴黎美术馆开个人作品展……”

虽然这只是假设，但如果能够在小时候发现才能并为之努力，那并非遥不可及。

当然，画家老师并不是对补习班的每个孩子都称赞和鼓励。大部分人的目的是让孩子学好画画，他们希望老师严格对待自己的孩子，那样才能对得起所交的学费。于是，老师也会按照父母的要求对孩子进行严格教育。换句话说，即便是同一位老师，根据父母要求的不同，对孩子的态度也会发生变化。

不管是以前还是现在，父母都在为找到能够给孩子带来积极影响的好老师而东奔西走。又能教书育人，又和蔼可亲，又能和孩子们打成一片，又能在孩子遇到困难的时候给他们带来力量……想找到这种像人生导师一样的好老师非常困难。正因为如此，我们要改变自己的想法，努力去创造适合孩子的好老师。

别的孩子眼里最坏的老师，或许正是我家孩子最好的老师。所以，妈妈要有勇气去创造最好的老师。

小贴士

如果无心学习，那就去玩吧！

节约时间就意味着无条件地去珍惜，在给定的时间内尽可能去做最多的事情吗？当然不是。如果能够主动而合理地安排时间，节约的概念也会变得不同。

对学生而言，一个星期的时间就像千金一样宝贵，但如果无心学习，这段时间会像在地狱一般痛苦难熬。相反，如果自己做出选择并对此负责，即便只是去玩，也不算浪费时间。与坐在教室里像听天书一样听课、在枯燥和无聊中度过每一天相比，玩其实也等于节省时间。

用真心融化孩子，奇迹自会发生

“今天早上，有人和上学的孩子拥抱过吗？有人亲切地拉过孩子的手吗？”

每当我向找我咨询子女教育的母亲们问这个问题时，台下就会此起彼伏地传来这样的声音：

“孩子都大了，怎么可能那么肉麻……”

“孩子不听话，整天让我担心，根本没有拥抱的心情……”

“每天早上都像奔赴战场一样，怎么可能有时间去拉住着急上学的孩子……”

“孩子长大了”“孩子让我担心”“太赶时间”等等，理由各种各样。最后得出的结论是——没有人亲切地拥抱孩子或者拉过孩子的手。看到那些找各种各样借口的母亲，我甚至怀疑她们是不是真的对孩子抱有希望。

有一次我在电视上看到一部纪录片，讲述的是活跃在各领域的专家，其中的内容让我感触很深。有一台价值昂贵的大型机器出了故障，维修人员绞尽脑汁都无法找到出故障的部位。最后他们找来该领域最著名的专家。专家来到现场后，让人大跌眼镜的是他从工具包中拿出了一个破旧的木槌，而不是人们想象中的精密的观测仪器。他用木槌开始轻轻敲击机器各个部位，通过仔细辨别声音，立刻找到了故障原因！通过这件事，我终于明白了：

有一些父母每天对孩子严加管教，却没有效果；同样有一些父母只通过轻轻地接触，就可以给孩子带来奇迹。

各位认为改变一个人最少需要几句话？我想最高纪录保持者或许应该是佛祖。不是有“拈花微笑”的典故吗？不说一句话，只用一个简单的动作传递佛法。就像这样，改变他人不需要太多话语，简单的一句话反而能够带来巨大的影响。

我也曾经有过这样的经历。有一次，我有幸在教堂授课。或许是害怕吵闹会被上帝“报复”，教堂里的气氛紧张压抑。所有来听讲的父母和孩子们都非常安静。结果，我的一句话却让教堂里所有人哄堂大笑：

“每次来教堂的时候，我总感到非常好奇。为什么神父[1]身旁总是会缺少新郎呢？”

刚开始，神父觉得有点尴尬，脸涨得通红。不过他很快就微笑着手指空中，表示自己的新郎就是上帝。人们再次抚掌大笑，神父的脸上也充满了笑容，大家之前紧张的心情一扫而空。

就像这样，解除一个人的心理防线并不需要什么大道理，也不用长篇大论，只需要一句话切中要害。

一次亲切的接触可以让孩子敞开封闭的内心，觉得尴尬、不好意思、丢脸等愚蠢的想法要完全抛弃。就算孩子已经长大，请在上学之前，对孩子说“我爱你”“妈妈相信你”的话吧。实在觉得说不出口，那就用默默

[1]韩语中“神父”与“新娘”为同一个词。

地拥抱来代替吧。

“妈妈怎么了？是不是吃错药了？”

“哇，怎么回事？是不是出了什么事？”

“别这么肉麻，我很忙！”

孩子或许会说一些冷漠的话回应，但不要紧，他们就像妈妈一样，也只是觉得不好意思。不过走出家门的孩子心里会充满温暖。

孩子冰冻的心会在妈妈温暖的怀里融化，一句话、一次接触会改变孩子。如果实在无法做到，也可以用手机短信传递自己的心意，这样做必定会得到孩子的回应。当妈妈的真心传递到孩子身上时，奇迹就会发生。

给 20 分的孩子 100 分的信任

数学成绩 20 分！想起晟豪的初中二年级成绩单，直到现在我还是觉得很难受。当问及不学习的原因时，晟豪理直气壮地回答我，他只顾着玩游戏，没时间学习。初中后，晟豪仍然沉迷于游戏。虽然他仍在坚持学习从小学五年级开始进行的街舞和画画，但这绝对不会代表他已经走出了游戏的泥沼。虽然时间减少了一些，但游戏在晟豪的生活中仍然占据最大比重，跳舞和画画是其次，而学习只能排在最后。

当晟豪带回 20 分数学成绩单的那天，我并没有责备他，而是再次使出了“信任神功”。

“一次也不学习竟然还能考 20 分？哎哟！看来你是个天才。只要看一次书，你应该就能考 30 分了吧？”

“真是的，30 分太瞧不起人了吧？怎么说也应该会有 40 分嘛！”（让人惊讶的家伙！）

“哇！那下次考试，儿子你看一次数学书让老妈见识一下如何？”

“嗯，我也是这么想的。这次的考试得了班里最后一名，让我觉得很没面子。”

最后一名！就连在学生时代对学习没有兴趣的我也从没有得过，而对学习还算不错的丈夫来说更是做梦也没想过的糟糕成绩。没想到，这项“殊荣”竟然被我们的宝贝儿子轻易拿到,谱写了我家历史的新篇章！我忍住几乎流出来的泪水，向晟豪询问他的朋友俊石的成绩。

“俊石这次考试得了第几名？”

这个叫俊石的孩子家就在我们家旁边。他的学习成绩一直名列前茅。我希望晟豪能从学习成绩好的朋友那里得到启发，开始变得努力。但与我的期待不同，晟豪不以为然地回答：

“那家伙这次得了第一。”

“晟豪，你羡慕俊石吗？说实话，妈妈很羡慕他……”

晟豪果断地摇了摇头。

“一点也不羡慕。俊石家里有练习剑道用的竹刀，听说他每答错一道题，他爸爸就会用竹刀打他一次。俊石的爸爸曾经得过全校第一，所以要求俊石也必须达到他的水平。妈妈，你觉得俊石的爸爸做得对吗？”

说话的时候，晟豪身体发抖，看上去非常害怕，这让我想起俊石那张不同于同龄人的暗淡无光的脸。那时候俊石经常来我家玩，还说我家比他自己家更舒服。现在，我终于理解了他的话。我又看了看晟豪，他看上去是那么幸福！得到第一名的俊石和得到最后一名的晟豪……究竟谁更幸福？

“听说俊石这次得了第一，恭喜您。”

几天后，我和俊石的妈妈闲聊，不知不觉中提到了孩子的学习。俊石的妈妈也知道了晟豪得到最后一名的事情。

“您是不是早就猜到了？”

“哦，不……我只是觉得有这种可能。”（可声音为什么发颤？）

“我不想强迫讨厌学习的孩子去学习，那能有什么用？我在等待晟豪寻找自己喜欢做的事情。”

“可如果一点也不管孩子，他们只会贪玩。作为父母，是不是该对他们稍微约束一下？”

俊石的妈妈反问我。对我提出这种疑问的何止俊石的妈妈！晟豪的班主任也曾非常严肃地对我说：

“晟豪的妈妈，我担心您太放纵晟豪。这样下去，他或许连高中也考不上……”

就像老师担心的那样，如果这样下去，他的确无法考上高中。不过当时我的想法是，如果晟豪无法适应学校生活，就让孩子去代案学校[1]。去学习气氛强的学校，可以提高孩子学习的积极性，这没有错，这也是首尔江南区会有那么多学生考上名牌大学的重要原因。可这并不是百分之百的正确答案。因为我们忽视了江南区的众多成功学生的背后，那些更多的失败的孩子。让晟豪享受学校生活，这才是我最大的愿望。我一直在等待孩子能找到自己迫切想实现的梦想。我时刻准备着，当孩子找

[1]韩国专门接收有学习障碍、对学校生活不适应的学生进行宽松教育的学校。

到自己的梦想，我会为了帮助他实现梦想而倾尽全力。

江本胜在他的全球畅销书《水知道答案》中介绍了“积极的想法”带来的惊人奇迹。特别是通过各种水结晶照片，他告诉读者们水并不是单纯的无机物，而是能量的源泉与载体，具有生命和意识。看到“我爱你”“谢谢”等词、听到动听的音乐后，水结晶会呈现出美丽的六角形；而看到“讨厌”“混蛋”等词，水结晶会变得破碎而零散。就连水结晶都会如此，何况身体70%由水分构成的人类！

我认为要想将孩子培养成才，第一个方法就是对孩子信任，所以直到现在，我还在这样做。孩子并没有让我失望，所以我感到非常幸福。不管现实多么困难，多么残酷，始终努力去积极思考是正确培养孩子最好的捷径。

如今，晟豪成功考上了延世大学，成为大学四年全额奖学金获得者，而俊石则考到了地方大学土木工程专业。我并不觉得考上延世大学就是成功，考上地方大学就是失败。原因还是在俊石自己身上。他因为不满意专业，休学后去首尔弘益大学附近，一边打工，一边学习自己喜欢的音乐。每当我去首尔的时候都会专门抽出时间去见俊石（也可以感受弘益大学的氛围）。俊石明显比以前开朗了很多。虽然累，但是为了自己喜欢的音乐而努力，这让他过得非常充实。可每当见到俊石的妈妈，她总是会向我诉苦：

“我们好像没有教育好孩子。俊石以前可是非常聪明的孩子……”

到现在，他们还不能理解俊石。在他们眼里，只有成绩好，孩子的未来才会光明。

“俊石的妈妈，请不要这么想。在我看来，俊石非常幸福。他找到了适合自己的道路，我觉得这样反而更好。”

听了我的话，俊石的妈妈点了点头，但她的眼角湿润。看来还暂时无法完全接受这个结果。

很多孩子都希望取得好成绩，上好大学，找到好工作，过一种稳定的生活。这并不坏，但如果我的孩子，像我生命一样宝贵的孩子不去做平凡的梦，那该怎么办？俊石就是这样的孩子。比起学习他更喜欢音乐，也具有音乐才能。如果俊石的父母能够倾听孩子的声音该多好！

“只要找到自己喜欢做的事情，你就会幸福。所以你要努力去寻找喜欢并适合你的事情。”我们曾这样鼓励过孩子吗？无法做到的理由只有一个，那就是不信任孩子，担心我的孩子走错道路，担心他们迷失方向，最终走向绝路。

当我们相信孩子时，孩子才会有勇气去寻找可以让自己幸福的道路。父母的信任是孩子勇气的源泉。请相信孩子吧！

小贴士

当孩子受到伤害、遭受挫折的时候

孩子因为老师的斥责而受到很大的伤害怎么办？应该会有很多父母立刻跑到学校好好出一口气吧？说实话，每个孩子受到精神上的伤害，家长都不会无动于衷。

很多母亲们对学校不合理的处事方式常常敢怒不敢言，其中的原因就是担心孩子会被报复。何况就算找班主任算账，又能得到什么？这个时候要及时与老师沟通，认识到孩子的问题，并拜托老师，自己的孩子比起同龄的其他孩子有不足之处，但作为家长会努力帮孩子改正，并希望老师不要斥责孩子，而是用称赞来代替。

当孩子受到伤害和遭受挫折的时候，母亲要做的是协调各方为孩子治愈和再充电。孩子越是遭受挫折，我们就越要为孩子提供更多的发展途径。

信任，也要有方法

吉姆·斯托克代尔将军在越南战争中不幸成为俘虏，从1965年到1973年，在长达8年的战俘生活中受尽酷刑和拷问，但最终还是活了下来。战争结束后，他成为三星将军，是一位传奇性的人物。俘虏收容所位于越南炎热而潮湿的热带雨林中，一般的俘虏甚至连一两年都很难坚持，他却在那里坚持了8年。回到美国后，他将自己的经历写成一本书，其中一段话让人印象深刻：

> 有些士兵太乐观，总想着这次的圣诞节肯定能被放出去了吧？结果圣诞节没被放出去；就想复活节可以被放出去，结果复活节也没被放出去；然后就想着感恩节，而后又是圣诞节，结果失望接踵而至。他们逐渐丧失了信心，再加上生存环境的恶劣，于是，他们郁郁而终。

这句话意味着，单纯的乐观主义者最终会无法接受现实，无法坚持下去。而斯托克代尔对未来有很强的信念，他相信自己一定能够活着出去。同时，他又能正视现实的残酷。在被俘期间，他为了鼓励其他被俘的同胞，发明了一种敲墙的密码，能够与其他战俘进行交流。斯托克代尔每时每刻都在为增强自己的信念而努力，他将“强大信念”的条件总结如下：

妈妈课堂

不管你处在怎样的逆境，都要保持一种必胜的信念，对前途充满信心；但现实生活又很复杂、很残酷，你要能够直面它。

这就是说，将乐观论和现实论结合在一起，才能改变现实。

信任孩子是最有效的教育方法，但听到这句话后，很多人却摇头。有人说自己已经很信任孩子了，但孩子并没有改变的迹象；也有人说教育孩子需要父母使用一些高压手段，孩子思考范围小，父母有时候要替孩子做出选择。

父母们总是将“无条件的信任”和“强大信念”混淆。信任孩子的父母，他们的判断会左右孩子的成败。也就是说，信任也分种类。

我要说的信任并不是“无条件的信任”。将一杯水放在眼前，我们要相信水会变成茶，这是盲目的信任。在水中放入少量茶叶，相信水会成为茶，这才是我要说的信任。我们要相信水一定会变成茶，并正视需要茶叶的现实。

因此，请首先正视孩子的现实吧，然后根据现实去相信孩子，那才是正确信任的开始。

身体变结实，内心变坚强

韩国是冬季和夏季奥运会成绩都名列前茅的体育强国。花滑女王金妍儿优美的舞姿使全世界的花样滑冰爱好者疯狂，朴泰桓克服了东方人身体的不利因素，夺得了游泳项目的金牌。看到这些在全世界活跃的韩国体育明星，我们不禁感叹我们国家的体育实力。

可遗憾的是，现实却截然相反。每年实施的学生体质评估结果显示，韩国青少年的体质不均衡问题越来越严重。虽然身高和体重不断提高，体质却一直在下降。仔细想想，这也是必然的结果，因为只有小学才会按时上体育课，从初中开始，体育课就遭到冷遇。虽然大家反复强调全民健身的重要性，但现在学校体育仍然处于精英体育范畴。能在训练场挥洒汗水的只有那些在各项目中有天赋的孩子，一般的孩子则与体育活动越来越远。责任要归罪于我们大人，是我们抢走了孩子们挥洒汗水时获得的乐趣。现在如果让孩子们去外边做体育活动，他们就会这样说：

“那样会出汗，太累。而且会吸很多灰尘，弄得很脏，对健康也不好。”

晟豪也是如此，不断重复着学校、游戏、吃饭、睡觉的单调生活。到了初三，身高不到 170 厘米，体重却接近 90 公斤。或许是在电脑游戏中的自己变得越来越强大的同时，发现现实生活中的自己变得越来越软弱，晟豪甚至表现出讨厌现实，越来越沉迷于游戏世界的倾向。身体健康才能好好学习。玩游戏的时候，晟豪能坐上一整天，但学习只能坚持 20 分钟。其中的原因在于，晟豪抵抗痛苦和厌倦的耐心有限。

这是距离初三暑假结束还剩两个星期时发生的事情。我们一家人去郊外吃饭的时候，突然听到一件有趣的事情。原来这里每年夏天都会以初高中生为对象，举办为期 10 天的强化自我训练营。晟豪将初三暑假宝贵的时间都花在游戏中，虚度光阴；而对于一直在思考如何才能给晟豪带来改变的我来说，举办训练营的消息来得非常及时。我认为，上高中后学习的时间和强度会大大增加，为了应付这种情况，体育锻炼势在必行。因此我试探性地问晟豪：

“这个训练营既可以减肥，也可以锻炼身体，这是难得的机会。晟豪你觉得怎么样？想参加吗？”

不喜欢运动的晟豪当然不愿意参加。直到我提出以职业电竞选手使用的高价鼠标作为交换条件，他才勉强答应去报名。我担心晟豪不习惯和完全陌生的孩子们相处 10 天，所以就像学习街舞时那样，给晟豪朋友们的妈妈打电话。最终，晟豪的八个朋友参加了训练营。

从结果来看，这个偶然参加的训练营成为晟豪人生中最宝贵的经历。

直到现在，一提起训练营，晟豪还会禁不住摇头。

“那比海军训练还难。”

训练营与外界隔绝，不允许携带手机。学生们从凌晨 4 点起床直到晚上 12 点，都要进行包括跑步、剑道、伸展运动、体能训练、力量训练、登山等在内的突破身体和精神极限的训练项目。

几天后，我去训练营向助教老师咨询，同时也见到了晟豪。晟豪喊着响亮的口号向我跑来，看上去充满活力。可等助教一走，他立刻变成泄了气的皮球，哀求我一定要“拯救”他。

“妈妈，以后您要我做什么我都听您的。您一定要带我离开这里！”

晟豪告诉我，爬山的时候他累得甚至想从悬崖跳下去。他的脸晒得黝黑，也瘦了很多，看来确实受了不少罪。于是，我安慰痛苦不堪的晟豪说：

“孩子，以后你会遇到很多比现在更大的困难。到时候，爸爸妈妈很可能不在你身边。如果你想战胜困难，提前体验这些会对你有帮助。加油吧，我相信你，儿子！”

晟豪最终完成了 10 天的训练营生活。参加结业仪式时，我们夫妻俩十分感动，为勇敢地通过这次考验的晟豪而骄傲。一同参加的其他父母也都热泪盈眶，看着孩子们带着坚毅的表情，向我们示范训练成果，可以发现短短的 10 天时间给他们带来了极大的变化。孩子们生龙活虎地喊着口号，表演各种动作。每个人都显得充满自信，仿佛以后遇到任何困难都能克服。现在，孩子们的生活大多是家、学校、补习班三点一线，很难有机会体验这样的经历。

晟豪决定去加入海军也是因为那次经历。他说他无法忘记那次训练结束后所喝的水给他带来的甘甜爽口的感觉。真是个奇怪的孩子。

总之，像这种偶然的训练营生活对孩子的成长起到了巨大的作用。晟豪发生了惊人的变化。在10天内体重减少了4公斤，身体也变得结实了很多，内心也变得坚强。

直到现在，晟豪还在说，不管遇到多大的困难，和训练营的生活相比都不算什么。

公元2世纪的罗马作家尤维纳利斯曾说：

“健全的精神属于强健的体魄。”

可见，古时候的人就已经知道这个道理。这句话中每个词的第一个字母组合在一起，成为了著名的运动品牌爱世克斯（ASICS）。

假如梦想孩子拥有幸福的未来，就要让孩子增强体质。身体强健，自然能够提高记忆力，对解除疲劳也很有帮助。不仅如此，运动还可以提高孩子的注意力，进而提高学习质量，最终令他们的人生质量得到提高。

百闻不如一见，带孩子去旅游吧！

如果选择一个韩国母亲们最近最关心的关键词，毫无疑问应该是“履历”。大学毕业后，寻找工作需要的托福和托业成绩、国外留学和实习经历以及兴趣爱好等能够表现自身特点的履历越来越被人们重视。父母们甚至从孩子上幼儿园开始就一直带着孩子转战各种竞赛，忙着为孩子积累履历。

但是，真正的履历不是各种竞赛的成绩，而是别人没有体验过的经历。重要的不是在某次竞赛中获得第一，而是去一个地方进行一些体验。

晟豪刚进入大学后，我问他是否有信心过好未来四年的大学生活。没想到，晟豪不以为然地回答：

“在学校里几乎没有像我这样阅历丰富的学生。妈妈别担心，遇到任何困难，我都有信心战胜。”

晟豪告诉我，其他朋友只会谈论从小在哪个学校上学、参加过哪个补习班等话题，而他自己却曾有过沉迷于电脑游戏、放弃学习的经历，在其他孩子上学或者上补习班的时候，他却去旅行和尝试各种体验活动。晟豪认为这些都是自己的优势，会帮助自己过好大学生活。晟豪强调，父母给他的人生带来的最重要的经历就是“旅行”。他表示旅行给自己带来了巨大的信心。

晟豪去过很多国家，比同龄人见识过更多世面，他对此感到非常骄傲。当其他孩子像机器一样学习的时候，他却获得了各种体验，这给他的生活带来了力量和自信。不久前，晟豪刚从海军退伍，就迫不及待地去美国旅行。晟豪表示，军队里虽然也能学到一些东西，但整齐划一的思考和单调的站岗容易让头脑僵化，他想通过去美国旅行得到放松，顺便学习英语，看着独自制订计划、收拾行囊准备出发的晟豪，我感到非常欣慰……

和同龄人相比，晟豪几乎没怎么上过补习班。有的孩子对学习没有兴趣，缺乏天赋，但父母还是会把他们送进补习班。在他们看来，只有这样才会让人放心，不再担心自己的孩子落后于其他同学。我也曾有过这种想法。但我对把孩子禁锢起来、逼他们好好学习的做法感到怀疑。与此相比，我认为让孩子体验丰富的文化，从精神层面得到成长会更好。所以我没有盲目送晟豪去补习班，取而代之的是国外旅行。

每次旅行的时间最短三到四天，最长有好几个星期。旅行的时候，我和孩子们一般会寄宿在当地人家里。到目前为止，去过的国家也有七八个。在中国，我们亲自登上了只在电视上看到过的壮观的万里长城，并摆出《三国志》中各路英雄豪杰的姿势拍照留念。然后，我们又参观了秦始皇陵，看着数千尊神态各异的兵马俑，我们不禁对人类创造的奇迹而感叹。现实给孩子们带来的震撼力远远超过游戏或书本的描述。面对广阔紫禁城中的巨大人流和一眼望不到头的大型餐厅，孩子们切身感受到什么才是大陆。

“据说有三件事中国人一生都做不完。第一件就是走遍他们国家的国土，因为中国幅员辽阔，根本没办法转遍所有的地方；第二件是吃遍中华美食，因为他们的食品花样品种极其繁多，即使每天都不重复地品尝也无法做到；第三就是学会所有方言。中国民族众多，地方语言层出不穷，很多方言别说学，可能连听都没听过。现在你们知道中国有多大了吧？”

我还建议喜欢玩游戏的晟豪去做游戏制作人。我告诉晟豪，如果能够制作像《三国志》那样与中国历史有关的游戏出口到中国，肯定会大受欢迎。只要他拥有这样的梦想，我一定会全力支持。所以多去了解和感受中国文化会对他有帮助。

其他的旅行经历也很精彩。在新加坡，我们在脖子上缠着蟒蛇拍照；在日本，我们望着天价的生鱼片和寿司互相鼓气：“以后多多赚钱，天天都来吃！”我们还曾在一位年过七十、退休后成为志愿者的老医生家里寄宿，从他那里领悟到奉献精神的意义……两个孩子的“回忆相册”中收藏着很多美好的回忆。

值得一提的是晟豪小学五年级的时候，第一次被送到国外进修语言，这件事让我彻底明白老人们常说的“爱孩子就让他们独自远行”这句话的含义。从到那里的第一天开始，晟豪就用价格昂贵的国际长途向我们讲述各种陌生而神奇的经历……一开始，我们还担心晟豪在陌生的异国语言不通，因此感到不习惯，没想到那只是庸人自扰。我明白了一点，与在陌生环境谨慎小心的成人不同，孩子们到了陌生的环境后，好奇心会使他们变得更加积极而活跃。

有一次学校组织孩子们去迪斯尼乐园游玩，没想到晟豪迷路了。我原本以为晟豪在语言不通的异国他乡肯定非常害怕，没想到他的反应出人意料。他觉得眼中的一切非常神奇有趣，不知不觉中离开了队伍，不过很快又找了回来。领队的老师惊讶地问晟豪去了哪里，他不慌不忙地回答说，自己只是去逛了一圈。我还记得晟豪第一次去美国旅游回来后说的一句话：

“妈妈，我好想在美国生活。”

“为什么？是不是因为那里的生活更加富足？”

晟豪摇了摇头，然后把他在美国的新奇体验讲给我听：

“那些大人们竟然在街头用玩具水枪互射。在我们国家，要是大叔大妈们在大街上玩水枪，大家都会觉得他们不正常。可在美国根本不用担心，那里的人们真的非常有趣，可以快乐地工作和玩耍。”

年纪轻轻的晟豪凭借自己的力量就已经发现了“自由”的重要价值。晟豪非常喜欢美国那些平易近人、从不摆架子、和孩子们打成一片的大人，也喜欢重视个人自由的美国文化。相比之下，我们作为父母，虽然尽量让孩子自由成长，却始终无法摆脱“大人”这个枷锁，以先知和教育者自居的我们让孩子们得不到平等的权利。

看着通过旅游茁壮成长的孩子，我和丈夫决心要尽一切努力让孩子开阔眼界。我们认为，如果让孩子接触英语文化会对学习英语很有帮助，所以我们经常接待外国人来家里做客，通过和他们打交道，让孩子们明白英语的重要性,并得到练习口语的机会。我们一致认为,在全球化时代，英语是必修语言。

为什么我们迷恋世界上最大的城市纽约，梦想着一定要去一次？梦想着在自由女神像前留下自己的身影？梦想着在时代广场漫步？因为纽约是世界上最大的城市，纽约有只属于她自己的魅力。所有的地方都有自己独有的魅力。正因为如此，我们不难理解，为什么同样进修英语，很多人都选择比东南亚价格高两三倍的纽约。我们也同样相信纽约的魅力。晟豪也表示，退伍后在纽约的旅行使他有了和史蒂夫·乔布斯一样远大的梦想。“视野越宽广，梦想就越大”，我对这句话非常认同。

没有见识过大海的鱼会以为自己生活的池塘就是整个世界。有人会提出质疑，我们每天都可以通过电视了解整个世界，还用得着亲自去看吗？没有比这更愚蠢的问题了。在电视上看和亲眼目睹有天壤之别，电视无法给我们带来切身的感受和体会。特别是年纪越小,就越容易接受其他文化。同样花一百万，大人只不过是去旅游，而孩子们却能从中得到生动的体验。

没有丰富阅历的孩子只能看到自己所拥有的十分有限的东西，无法吸收更多能量，缺乏向他人展示的资本。所以，从小开始就要让孩子体验更多的事物。见多识广的孩子容易吸引同伴，并受到大家欢迎。换句话说，阅历丰富的孩子总是能够通过捷径走向成功。

小贴士

学会和孩子真诚对话

改变孩子的第一步始于父母与孩子之间真诚的对话。

在对孩子提问之前需要记住的是，我们要直视孩子的现状，正确掌握孩子的情况，提出适合的问题。比如，有个孩子不喜欢上学。如果我们总是强迫他上学，结果会怎样？这么做只会起到负面效果。

与孩子进行真诚的对话，不管是成绩全校第一名的优等生，还是让所有人头痛的问题孩子，都会自然而然地将藏在心底深处的渴望透露出来。

特别是那些被印上差生和问题孩子等烙印、得不到老师和父母的关心、对学习失去信心、屈服于现实的孩子们，我切身感觉到我们周围有太多需要帮助的孩子们。孩子的问题越多，就越有强大的自我意识。问题孩子非常清楚自己的想法，他们有明确的目标。特别是成绩差的孩子，非常渴望提高成绩，想要让批评他们的父母和老师快快“闭嘴”。也就是说，他们迫切希望沟通，想得到父母和老师的认同。

既然如此，就让我们相信孩子吧，并开始真诚的对话。

在梦想上，相信孩子的本能

有一天，一位母亲带着女儿来找我。小女孩名叫涩琪，正在上小学，非常可爱。那位母亲告诉我，女儿的成绩越来越差，特别是和爸爸根本不说话，就连看也不敢看。如果爸爸对她说话，她就会低下头，悄悄地哭，父母都对这种情况感到非常心疼。

我和孩子聊了以后，发现问题并不在孩子身上。孩子在设计方面非常有天赋，能够自己设计和改造衣服，梦想着成为服装设计师。爸爸却督促孩子放弃没用的梦想，好好学习。最终孩子心灰意冷，在处理朋友关系方面也变得消极,越来越没有干劲。原本排在中游的成绩也直线下降。于是，我找时间约了孩子的爸爸，问了一些问题。

“您还记得上次您把女儿放在腿上玩要是什么时候吗？”

孩子的爸爸吞吞吐吐地回答:

“大概五六岁的时候抱过……后来就记不清了。”

“您认为父女关系变差的原因是什么？”

“孩子不爱学习，我很着急，所以总是责备她。”

“您能不能找机会和孩子两个人一起去旅行？涩琪的问题和学习无关。只要和爸爸的关系得到改善，不管是性格还是学习都会变好。”

那位父亲回家后想了几天，最终向公司请假，带着孩子去旅行。当他们父女旅行回来后，他向我打电话表示感谢，告诉我这次旅行对他非常有意义，也非常快乐。特别是通过旅行，女儿逐渐接受爸爸，变化非常明显。

“就像老师的话一样，当我首先敞开心扉后一切都变得美好。谢谢您。”

明白了自己的不足后，那位父亲后来送孩子去美术班学习，开始支持孩子的梦想。

各位看过大象表演吗？我曾带着孩子们去看过，每当看到体积庞大的大象表演倒立、玩球等各种技巧时，孩子们就会发出惊叹的声音。然而看着这些表演，我内心深处却感到非常不安。

“为了教会野生大象这些给人们带来欢乐的动作，需要使用多少次皮鞭和胡萝卜？”

看着那些被铁链锁住，被残酷驯养的大象善良的眼睛，我仿佛从里面看到了孩子们的脸庞。孩子原来的样子是A，父母却强求孩子成为自己不感兴趣，也不擅长的B。如果孩子做得不好，父母就会斥责和轻视孩子，甚至动用皮鞭；如果孩子因为害怕父母而努力去做好，父母就会用胡萝卜进行奖赏。其实，父母和驯兽师并没有什么不同。

我们想当然地忘记了一件事，人类也是动物。每一种动物都有上帝赋予的天生才能，那就是“本能”。野生动物一出生就能站立。小马刚出生就会带着脐带站起来尝试走路。尽管它身体非常虚弱，细细的腿很难撑住身体，但始终会努力向前，不管摔倒多少次，都不会放弃，本能驱使它继续前进，如果被大自然淘汰，只有死路一条。逆流而上数千公里回到家乡产卵的大马哈鱼也一样，没有谁去教它们，它们也从没学过，可它们却能掌握自己的命运，勇敢地应对危机。“生存本能”这个伟大的奇迹不由地

让我肃然起敬。

相反，人类的成长过程却一直在压制本能。为了进入社会大家庭，孩子们会被长时间训练、教育。家庭、学校、社会等组织会教孩子们各种规范和条例。

至少在梦想上，可以左右孩子人生的梦想上，让我们相信孩子的本能吧！父母希望、学校希望、社会希望的梦想如果和孩子的梦想不符，不幸就会开始。孩子非常明白自己的本能所指的道路。孩子天生就有无穷无尽的才能，却生活在使这些才能无法茁壮成长的环境，于是，才能变得黯淡，渐渐生锈。一种在亚马逊河生活的鱼，放在鱼缸里养只会长到30厘米；如果放在稍大的水槽里养，会长到50厘米；如果放在很大的池塘里养，甚至会长到比人还大。也就是说，生长环境会决定一个人的潜力。

现在，就让我们把困住孩子们的枷锁解开吧。不要做无谓的努力，试图去教不符合孩子本能的才能；我们要相信孩子能够根据自己的本能，发现自己的才能。父母能为孩子做的只有一件事，那就是“信任”。父母的信任可以创造孩子的未来，可以使孩子创造奇迹。

最佳的教育时机就是孩子走错路的时候

孩子们会一天天长大并成熟起来。尤其是现在的孩子，到了小学高年级就产生独立的想法。父母们不可能随意对这些孩子呼来唤去，能不产生反效果就是万幸。即便如此，还是有很多父母以孩子的未来为理由，试图控制孩子。他们却不知道，越想控制，孩子就越不听话。

晟豪从小就经常惹事，有好几次差点闯了大祸。其中孩子们最感兴趣又最危险的就是玩火。有一次我看到我们住的楼底下冒出白烟。原来是晟豪和附近几个淘气鬼看到地下室门开着，就进去烧废纸，差点酿成火灾。玩火很可能会引发重大事故，危及财产和生命，所以，绝对不能原谅他们。但在这个时候并不适合盲目使用暴力。我让晟豪明白了不能随便玩火的原因。

"消防员叔叔，还有警察叔叔都来了，你觉得怎么样？"

"我很害怕。"

“如果发展为大火灾会怎么样？如果火势蔓延到其他地方会怎么样？”

“会、会出大事。”

“很可能会烧死人。现在你还想玩火吗？”

“不，以后我绝对不会玩火。”

“你可以向我保证吗？”

“我保证。”

从此之后，晟豪再也没有玩火。因为他明白了什么事情该做，什么事情不该做。我没有在孩子的脑海里留下玩火就要挨打的简单公式，而是让晟豪明确了解到不能玩火的原因。

培养孩子的时候，父母会切身感受到孩子是在不断犯错中长大。每当孩子犯错，父母为了矫正错误而费尽心机，其中最简单有效的方法就是使用暴力。把孩子打得屁滚尿流，在他们的头脑里深深地印上“禁忌”这个词。可这种给孩子的灵魂带来伤害的暴力行为会以另一种暴力行为显现出来。

在我这里接受客卿指导的一个叫贤朱的高中生因为偷别人的摩托车而被抓。

“老师，这该怎么办？如果被孩子的爸爸知道，我家孩子肯定会被打死。该怎么办……”

贤朱被警察带走后，贤朱的妈妈马上给我打来求救电话。贤朱的爸爸是韩国屈指可数的大企业领导。如果孩子偷摩托车的消息传开，他肯定无法抬头见人。我急忙跑到警察局，贤朱的妈妈正坐在椅子上流泪，贤朱也低垂着头坐在警察对面的椅子上，旁边的摩托车主人也在发火。原来事情是这样的，在摩托车主人暂时离开的时候，贤朱偷偷骑着还没有熄火的摩托车逃走。他那时候还穿着校服，被监视器拍到。了解整个经过后，我发现贤朱并不是有计划的盗窃，只是一时冲动。我感到非常心痛，能够做出这种事情，他究竟承受了多大的压力……

当摩托车主人稍微平静下来后，我们好不容易说服他原谅贤朱。但这时，贤朱的爸爸听到消息后赶了过来。

“这、这家伙！”

贤朱的爸爸脸气得通红，什么话也不说，只是瞪着贤朱。如果就这样让贤朱回家，肯定会出大事。所以我拜托贤朱的父母，带贤朱先来我家，让我和他好好谈谈。幸运的是贤朱的爸爸也觉得自己需要冷静一下，所以答应了我。那天晚上，我和贤朱深入交谈，了解到他偷摩托车的真正原因。

“一大早我就因为成绩下降被爸爸打了一顿。我正在去学校的路上，看到一辆摩托车，后来我也想不起来是怎么回事，稍微清醒过来后，我发现我骑在摩托车上。”

问题在于与父亲的不合。和父亲无法正常沟通，是贤朱这次闯祸的根源。

第二天我去见贤朱的父母，向他们传达了我从贤朱那里听到的话。贤朱的妈妈听完后一直哭泣，而贤朱的爸爸就像挨了一记闷棍，呆在那里。

“贤朱的爸爸，贤朱好像非常想念曾经的爸爸。”

听到这，贤朱的爸爸眼眶湿润，低下了头。这个时刻，坐在这里的男人并不是大企业的领导，也不是受职员尊敬的上司，只是一个孩子的爸爸。

“孩子做错事，好好教训是应该的。但是该拥抱孩子的时候还是不能省。假如给贤朱一点信任，他会做好的。”

幸好贤朱的父母也明白了贤朱做错事的原因来自他们错误的教育方法。他们不断努力改善与孩子的关系，最终他们父子重新开始沟通。这次的偷车事件也成为了转祸为福的契机。没想到，当我认为这件事已经成为过去的时候，又出了一件完全让我意想不到的事情。原来贤朱被学校的人贴上了不良学生的标签。

“嗨，摩托车，你今天没去惹祸啊？”

“摩托车，你怎么还在学校里？”

一些思想浅薄的老师给贤朱起了个外号，取笑他是“摩托车”。贤朱非常气愤，差点和他们发生争执。

“你是不是很讨厌那些老师？”

贤朱用沉默来回答我的问题。

“我也是觉得那些老师错了。但是如果你没有忍住，结果会怎么样？”

“我会觉得痛快，但情况会变得更糟。老师们会指责我顶撞他们，朋友们也会认为我又惹事，父母也会很难过……所以我一直在忍。”

贤朱低声说出了自己的想法。

“贤朱，如果你讨厌下雨，能让雨停下来吗？没有人可以让雨停下来。但你可以选择是否带雨伞。这次的事情是不是和下雨类似呢？你可以改变老师吗？”

贤朱闷闷不乐地摇了摇头。

“没错，以你的力量很难改变老师。那么你该做什么呢？转变想法就可以了。就算老师说你是‘摩托车’又怎样？你可以堂堂正正地告诉老师，我现在已经不是了。这种程度，我相信你应该可以做到吧？”

“……”

过了几天，贤朱给经常取笑自己的老师写了一封信，内容是让老师费心所以非常对不起，以后会努力成为一个好学生，希望得到老师的理解等等。信写完了，但是他没寄给老师。因为在写信的过程中，他已经平静下来，改变了想法。

“就像您说的那样，如果我好好表现，总有一天老师应该能理解我吧？就算不理解我也没关系，因为这是我的人生。”

“好家伙，现在我可以放心了！贤朱已经成熟了，我还有什么可担心的！”

孩子们是如何成长的？那就是不断摔倒并爬起来的过程，同时还要经受各种痛苦。贤朱也是如此，自从偷车事件以后，他已经成长为一名出色的青年。更为神奇的是，曾经取笑他的老师们也变了。我确信是贤朱的积极能量最终感动了老师，这就像“波动法则”，当你散发积极能量，在能量影响范围内的一切东西都会产生相同的波动。相反，如果你生气，你的能量影响范围内也会被消极的能量笼罩。

现在，我们要停止斥责犯错的孩子，孩子并不是关在笼子里的动物。有句话说“不要责打孩子，哪怕是用鲜花”。引导孩子走向正确道路的最好方法就是——对做得好的孩子称赞，对犯错的孩子鼓励！

小贴士

倾听，不仅仅是听他们说话

为什么我们这些母亲不喜欢听孩子的话?

很多母亲觉得孩子就要在命令和指示下才能学好，并错误地认为无条件倾听孩子的话、对孩子的意见全部支持的母亲并不称职。事实上，我们所了解的母亲几乎都这样。她们总是会命令孩子做这做那，喜欢完全控制孩子。不仅是父母，学校里的老师、公司里的上司都是这样的。

认真倾听到底应该怎样去做?首先要制造倾听的环境。如果孩子说话的时候正在做其他事情，那么我们就要立刻停下来。不要采取居高临下的姿态。还要去除妨碍对话的要素，要集中注意力、不去想自己的事情，听的时候要表现出最大的反应，不仅仅是听他们说话，而是与孩子的内心产生共鸣。

不要愚蠢应对孩子的错误

1930年美国经济大萧条时期，法庭正在对因偷面包而被逮捕的一位贫穷的老妇人进行判决。与偷面包而服19年苦役的冉·阿让[1]不同，负责这次案件的拉瓜迪亚法官做出了令人感动的判决：

“我必须秉公执法，你可选择10美元的罚款，或是10天的拘役。但是生活在一个要老祖母去偷面包来喂养孙女的城市，所有的市民都有罪。我一直过着衣食无忧的生活，对别人冷漠。我宣布处罚自己10美元，以代替老人的罚款。另外，我还宣布旁听席上的每一个人处罚50美分。”

“快点起来……”“快去吃饭,不然要迟到……”“要好好学习……”“一定要去补习班……”“你回来了，快点吃饭……”“不要看电视，快点学习……”“不要再玩游戏……”

有人专门对一个普通家庭的母亲与孩子一天的对话进行录音。结果发现，内容全都是类似于上面的这些事情。我把这件事向接受客卿指导的母亲们讲述，没想到她们却抱怨不管如何去叮嘱孩子，孩子的回应几乎只有一句话,那就是:“妈妈,给我点钱！”当然孩子的借口有很多,要买练习册,要买零食等。很多家庭都是这样。其实想想看，只是在一起生活，在不像

[1]小说《悲惨世界》的主人公。

“家庭”的家庭里长大的孩子走错道路或许是很正常的事情。

根据统计局公布的数据，韩国的少年犯罪事件每年都持续增加，从2007年以后每年超过10万件。除了只需进行教育处理的小事件外，每年至少有超过10万的孩子们进行各种犯罪行为，并被正式起诉。10万，如果排成一队该有多长！更严重的问题是，当他们接受完改造、从少管所出来后，再次犯罪的概率也在高速上升。

如果我们接到孩子犯罪后被抓的电话，我们应该如何行动？很多父母只会盯着孩子的错误。但对孩子来说，父母就像是最后的避风港。孩子犯罪是家庭出问题的有力证明。

父母需要把这样的事件当作回顾自己的契机。当然这并不是指包容孩子的错误。要适当地进行处罚，同时父母也需要反省自己，和孩子一起解决问题。

就像拉瓜迪亚法官所说的那样，我们要记住，孩子犯错责任在于我们。孩子走错道路，是一种迫切希望沟通的呐喊！我们要做的应该是倾听。

支持孩子“不靠谱”的梦想

人生中必然会有几次宝贵的机会，这些机会在不经意间悄然而至，我们很可能会错过。不过有一个对所有孩子都很重要的时期——“初三寒假”，我们却不能错过。

在初中不重视学习的孩子，到了初三寒假会反省自己，决心到了高中一定要努力，父母也是在这个时候烦恼孩子的未来，横下心来抓紧教育。因此，在人生中绝对不能忽视的重要时期就是初三寒假。

在这个重要时期，晟豪没有学习，而是选择了游戏。整个冬天，他比以前更专注于玩游戏。他从初二开始玩“魔兽争霸 3”，随着水平越来越高，他的自信也水涨船高，渴望与职业选手较量一番。正好次年的三、四月份要举行一场大赛，晟豪决心参加，并且已经制订好详细的计划。

当其他孩子们梦想着上高中后好好学习、考上名牌大学时，晟豪却憧憬成为“职业电竞选手”。为此，他还加入了有很多职业电竞选手的兴趣组，不断提高游戏实力，排名甚至上升到全亚洲地区第30名。

对游戏已经疯狂的晟豪上的是位于市郊的弘明高中，需要坐车超过半小时才能到达。当晟豪被分配到弘明高中时，说实话我很担心。在蔚山市的学校中，弘明高中位于最偏僻的地方，上下学很麻烦，没想到晟豪会分配到这里。如果是家附近的学校就好了，这里很多学校都拥有良好的学习气氛。

既然不能改变，那就去享受吧，我尽量使自己积极地面对现实。“弘明要出人才！因为那里有我家的晟豪。”我一边使自己平静，一边安慰晟豪。

“因为在市郊，周围有很多树林，空气清新，风景也很漂亮。和出校门就是网吧和歌厅的市内相比，应该能更专心学习。不是吗？”

每天早上要早起，风风火火地做完准备，再乘公交车去学校上课，前6节课是正规课程，第7～8节课是补习课，吃完晚饭，从晚上6点开始到10点需要上晚自习。这样的高中生活没过几天，晟豪就开始厌倦。不仅如此，晚自习名义上虽然是自愿性质的，实际却有强制性，不能不上。每天晚上11点，晟豪才能回家，然后练习游戏到深夜1点。晟豪觉得实在无法忍受。

“妈妈，您想办法让我不再上晚自习吧。”

晟豪知道如果自己向班主任老师提出这种要求，肯定会挨训，所以向我发出了求助信号。

“我该怎么办……接受晟豪的意见，让他停止晚自习，这样做到底好不好？”

说我对此不烦恼肯定是谎话。孩子想要在本应该学习的时间里玩游戏，哪有父母会觉得高兴？但我从晟豪那里看到了坚定的决心。他一心扑在游戏上，怎么能学得进去呢？他分明会在自习时间偷看一些与游戏相关的书，或者呆呆地望着天花板想着游戏。无法去做喜欢的事情，自习时间对他来说就像地狱一般难熬。

“没有其他办法吗？”

我平静地问晟豪，晟豪的回答很坚决。

“妈妈，您不是说始终相信我吗？您还说自己的人生要自己负责。我认为现在的时机对我很重要。我想这次一定要好好挑战。”

他把我之前说过的话全都利用起来，真是个既可爱又可恨的家伙！在说得有条有理的晟豪面前，我实在无法反驳。

“好，我会跟老师说的。”

“妈妈，谢谢您！”

第二天我来到学校，向老师说明晟豪要去参加游戏大赛，需要好好练习，请求老师允许晟豪不上晚自习课。就这样，晟豪开始了挑战游戏大赛的征程。

看着全身心投入到游戏中的晟豪，我虽然也很担心，但认真投入的孩子不是让人担心的包袱，而是上天的赐福，如果能将孩子的心思往好的方向引导，肯定能得到惊人的结果，我对此深信不疑。比起那些只是浅尝辄止、无法全身心投入到一件事的孩子们，会投入其实也是非常值得骄傲的事情！

想法的变化使我在对待晟豪沉迷于游戏的态度上也发生了180度的转变。我觉得，把对游戏投入的晟豪向其他方向引导，必定会带来让人意想不到的惊喜。

与因为沉迷于游戏最终成立NCsoft公司的金泽辰社长一样，或许晟豪也会产生这样的梦想，或许他有一天会超越只玩游戏的境界，对我说："妈妈，如果能将《希腊罗马神话》制作成游戏，肯定会很好玩。从现在开始，我想成为游戏制作者。"实际上，只要任何与游戏相关的书，晟豪会以惊人的专注力钻研下去。

有些父母会担心孩子对游戏太投入，从而逐渐无法适应现实世界，只喜欢生活在虚拟世界中。但我努力使自己不这么想。当时《哈利波特》系列非常火爆，因此我给晟豪讲：

"据说《哈利波特》的作者罗琳是坐在咖啡厅，靠天马行空的想象创作了这部作品。她是通过想象创造了神奇的世界。如果晟豪以后也能培养出这样的想象力就好了，你觉得呢？"

安哲秀教授曾经是前途无量的医生，他转行研究电脑病毒绝不是因为没有当医生的才能。很多人或许不知道，他是韩国历史上最年轻的医科大学系主任。在医生这个职业上前途光明，他却果敢地脱下了自己的白大褂。韩国有很多治病救人的医生，却没有拯救"患病"电脑的医生，最重要的是他对研究电脑病毒有极大的兴趣。现在，当然没有人对他的决定提出异议，但在当时，认识他的人会怎么想？或许所有人都会嘲笑他，认为他疯了，竟然放弃前途无量的医生职业。但他对周围的看法毫不在意，朝着自己的梦想勇敢前进。最终成为了世界著名的电脑病毒专家。

我支持想成为职业电竞选手的晟豪的梦想，并且想象着晟豪梦想中美丽的未来到底是一幅怎样的风景。

小贴士

体育课锻炼的不只是身体

每年实施的学生体质评估结果显示，青少年的体质不均衡问题越来越严重。虽然身高和体重不断提高，体质却一直在下降。仔细想想，这也是必然的结果，因为体育课一直遭到冷遇。

孩子体质差，责任要归罪于我们大人，是我们抢走了孩子们挥洒汗水时获得的乐趣。现在，孩子们的生活大多是家、学校、补习班三点一线，很难有机会体验锻炼的快乐。假如梦想孩子拥有幸福的未来，就要让孩子增强体质。身体强健，自然能够提高记忆力，对解除疲劳也很有帮助。

不仅如此，运动还可以提高孩子的注意力，进而提高学习质量，最终令他们的人生质量得到提高。

没有任何梦想是微不足道的

父母们习惯以自己的眼光去评判孩子的梦想。由于比孩子拥有更多的人生经验，积累了更多知识，父母们更相信自己的眼光。而且大部分情况下，父母都不会看错。但要注意，这并不代表父母眼光的可靠程度是百分之百。

当比尔·盖茨对电脑着迷的时候，他的父母是怎么想的？父亲对孩子沉迷于电脑不以为然。因为比尔·盖茨学习非常优秀，可以说是一位学习天才，这足够保证他以后上名牌大学，有光明的未来。最重要的是当时人们对待电脑的眼光与现在不同。

当时的电脑不过是一台巨大的计算器，只不过是一台计算速度非常快的机器，丝毫不具备现代电脑用途的广泛性。但比尔·盖茨却通过这台机器预见到了父母那一代人没有看到的未来。他确信电脑将会给人类的生活带来划时代的变化。

最后，他从哈佛大学法律系退学，租了一个小仓库，成立了最终发展为世界顶尖 IT 企业的微软。比尔·盖茨说过：

“很多人在学法律，没有我也不会改变什么。但很少有人相信，每人拥有一台电脑的时代会到来,并为此而准备。能参与到电脑的发展中，给人类生活带来巨大变化，我认为非常有意义，即使要以放弃学业为代价。”

现在，我们是不是觉得孩子的梦想微不足道？不过请记住，虽然我们的眼光大部分都正确，但也有不够远大的时候。孩子的梦想在未来，熟悉现在的我们有可能会判断错误。比尔·盖茨的梦想在当时的人看来也非常荒唐和愚蠢，而现在呢？那么，谁敢断言我们的孩子不会成为下一个比尔·盖茨呢？这就是支持孩子梦想的理由。

梦想是改变人生最强大的武器

我的孩子什么时候看上去最帅？从学校带来第一名的成绩单？不，在我看来，孩子为实现自己的梦想而努力时的样子最帅。因为为梦想努力的人是世界上最美丽的人。

晟豪也在为梦想努力，虽然他想成为职业玩家的梦想和父母的期望不同。在我们周围，有太多的孩子被学校和学习所埋没，像永不停止的机器一样忙碌，无法实现自己的梦想。

梦想会召唤新的梦想。就算孩子的梦想不符合父母的期望，也不用太担心。我们都知道，孩子的梦想会改变。谁知道呢！或许在实现梦想的途中，他会发现更美丽的梦想。

比尔·盖茨一开始对电脑程序并不感兴趣，他只是单纯地喜欢电脑，但正因为如此，他经过努力钻研，最终发明了操作系统。世界著名企业，苹果公司的前 CEO 史蒂夫·乔布斯也不喜欢大学课程。上大学后，他唯一喜欢的课程只有美术字。通过学习美丽的字体，他领悟到电脑也应该美丽，这成为代表美丽和时尚的苹果电脑诞生的基础。不管是比尔·盖茨，还是史蒂夫·乔布斯，他们只是朝着自己的梦想前进，并最终得到了“成功”这个附带的奖励。孩子的挑战即便莽撞又如何？梦想破碎会留下伤口，但只要不怕失败，孩子就可以从失败中成长，从伤口中获得经验和教训。

从晚自习课中解放的晟豪可以早点回家，专心练习游戏。晚饭后到睡觉前的五六个小时，他会一直练习。三月末，他第一次参加线下比赛。这是一个规模庞大的国际游戏大赛。首先在韩国的首尔、大田、釜山进行预选赛，每个城市选出 4 位选手，接着选出的 12 位选手再加上 4 位职业选手共 16 人将会在首尔进行韩国区决赛。其中决赛将在电视上进行现场直播。最终出线的选手将去中国参加世界总决赛，冠军可以获得巨额奖金和一辆轿车。晟豪参加的是釜山的预选赛。而他决心获得韩国区决赛第一，最终上电视。

在预选赛当日，我和丈夫亲自开车送晟豪到釜山。车里还有为晟豪加油助威的好朋友们。

“我相信你能赢。即便输了也不要失望，这会成为你宝贵的经验。”

比赛在釜山的一家网吧进行。我们大声为晟豪加油。64 名各地区的佼佼者分在 4 个小组，每组第一名可以参加在首尔举行的韩国区决赛。晟豪顺利进入小组决赛。之后在三局两胜制的决赛中 2 比 1 战胜对手，成功入围韩国区决赛。

当晟豪带着韩国区决赛的门票回到学校后，整个学校沸腾起来。老师们逐渐将“不爱学习，只玩游戏”这种狭隘的想法抛弃，对晟豪重新审视。他们也认为或许游戏是比学习更能发挥晟豪才能的地方。这真是惊人的转变。

为了备战韩国区决赛，晟豪不断练习。到了四月末，晟豪决定独自赶往首尔。刚开始，我们夫妻俩不放心，坚持其中一个人亲自送他去首尔。可是晟豪郑重地拒绝了我们的好意。原来，他自己已经制订了包括来回车费、住宿在内的详细计划。临行前，晟豪看上去非常自信，对我们喊了一句：

“爸爸，要是我拿了第一，您就把车换了吧。”

丈夫的车确实已经很过时了。

“这小子越来越懂事了……”

听到孩子的豪言壮语，丈夫非常高兴，哈哈大笑起来。

不幸的是，晟豪在十六进八比赛中遇到的对手是一位职业选手，还是上届冠军。第一场他就和最强的对手较量。比赛还是三局两胜制，最终晟豪连一分也没得，0 比 2 负于对手。

经此一战，晟豪发现与职业选手相比，自己在操作、意识、大局观等方面还有较大的差距。回到家后又投入到艰苦的练习中。一星期后，他又参加了一场大型游戏比赛。但这次晟豪又输了，惜败于一位业余游戏高手。

“梦想”是改变人生最强大的武器。梦想不仅可以改变自己，还可以改变周围的人。拥有“成为总统”这样远大抱负的人，说话、行动、人际圈都会变得与众不同。如果一个孩子在看过动作电影后梦想成为散打选手，那么他们想要接触的人也会是这种类型。

晟豪的梦想改变了我和丈夫，虽然那不是我们期待中的梦想；但晟豪的梦想改变了我们的视角，使我们专注于他的梦想。

小贴士

真正的履历是见识更多的世面

大学毕业后，寻找工作需要的托福和托业成绩、国外留学和实习经历以及兴趣爱好等能够表现自身特点的履历越来越被人们重视。父母们甚至从孩子上幼儿园开始就一直带着孩子转战各种竞赛，忙着为孩子积累履历。

但是，真正的履历不是各种竞赛的成绩，而是别人没有体验过的经历。重要的不是在某次竞赛中获得第一，而是去一个地方进行一些体验。

有的孩子对学习没有兴趣，缺乏天赋，但父母还是会把他们送进补习班。在他们看来，只有这样才会让人放心，不再担心自己的孩子落后于其他同学。其实把孩子禁锢起来、逼他们好好学习，不如让孩子体验丰富的文化，从精神层面得到成长会更好。

所以，别盲目送孩子去补习班，让他们去外面的世界看看吧。

对孩子说“一切都会好”

观察并定义人类无意识中的精神世界，将人类召唤进意识世界的伟大的精神分析学家弗洛伊德，在他的著作《梦的解析》中说道：

“我为了成为伟大的人而付出努力，原因是对我说‘你将会成为伟人’的母亲的信任。”

据说一项以哈佛大学学生为对象，名为“小时候从妈妈那里听到什么话最多”的问卷调查结果显示，大多数的话都是“没关系，一切都会好”。这些父母向孩子们传达了一种信号，那就是即便考试不及格，也不能消极泄气，要以积极的思考方式对待。

就像这样，积极的思考方式对孩子的梦想会产生巨大影响。而对孩子的梦想，我们则需要积极地对待。现在，我们需要思考，是为孩子的梦想散播除草剂，还是喷洒充满养分的水。

孩子的梦想就像正在成长的树木，虽然现在看上去是毫不起眼的树苗，但随着越长越大，最终会成为参天大树。

我不是强者，也不是天才，我只是每天在变化。

请将“change（变化）”中的 g 改为 c 试试。

会成为“chance（机会）”，不是吗？变化中必然藏着机会。

——比尔·盖茨

IT'S OK
I BELIEVE YOU

04

第四章

倒数第一的完美逆袭

现在的晟豪正处在人生关键的转折点。当一个少年将自己前进的道路定为学习的时候，会发生什么？一个从不按父母指引的方向前进，一直我行我素、自己做主的孩子，如果选择了学习，将会发生怎样惊人的事情？

是否退学，让孩子自己抉择

“爸爸，妈妈，我想退学。”

由于在游戏大赛中接连失败，回到蔚山后的晟豪感到既失落又不甘心，当天晚上，他就提议召开家庭会议，表示有话要对我和丈夫说。我们对晟豪想说的话感到非常好奇，没想到最终听到的却是退学这种爆炸性宣言。

“今天战胜我的那个孩子也是从学校退学，他现在一整天都在练习。而我因为上学，就算不去晚自习，每天最多也只能练习五小时，输也是理所当然的。”

这就是晟豪觉得不服气的原因。如果花费同样的时间和精力练习，就算在比赛中失败，他觉得也能欣然接受。但在不公平的条件下输了比赛使他非常遗憾。

“如果退学，你有什么计划？”

对我的问题，晟豪的回答没有任何犹豫——每天都会练习游戏，然后堂堂正正地战胜对手。我虽然对他不愿意放弃、想要挑战到最后的意志感到满意，可是退学这种将改变人生方向的重大决定，我还是无法立刻做出回应。

“说实话，妈妈我很担心，如果答应你退学去做职业选手，长大后你会不会抱怨我们。抱怨我们为什么在你沉迷于游戏时，没有给你提供更多的选择，没让你去感受和体验丰富多彩的世界？”

不仅如此，如果退学，晟豪很可能失去之前结交的朋友。没有哪个父母会愿意自己的孩子与高中退学的人一起玩。他会与朋友越来越疏远，最终不再来往。

“这段时间爸爸一直很忙，没有和晟豪好好交流。今天你愿意和爸爸好好谈谈吗？”

丈夫和晟豪以男人的方式谈论问题。人生只有一次，要慎重对待，游戏是否是人生的全部，能不能在游戏外的世界中找到自己的价值，梦想和规划对人生的意义……我们与晟豪聊了很多和未来有关的内容。直到凌晨，我们才结束对话，并达成以下协议：

1. 花一个月的时间充分了解职业电竞选手的人生。
2. 向已成为职业选手的前辈们请教。

在这一个月里，晟豪一边上学，一边认真详细地思考。只有这样，以后才不会后悔。我和丈夫之所以定下这样的协议，也是为了帮助晟豪进行更全面的思考。就像我们可以把马带到河边，但喝水的事情还要靠马自己一样，最终的选择和行动权在于本人。可是，为了让马更容易喝到水而把它带到河边，这不就是父母的义务吗！

这些日子里，晟豪天天都在与职业电竞选手彼此交流，令人惊讶的是，大部分选手都劝他不要退学。

“我现在都 27 岁了，我的今天不就是你的明天吗？服完兵役后，我的技术已经跟不上更年轻的选手。这种用青春换取微薄收益的职业一点也不值得推荐。”

“我玩了 10 年游戏，可什么也没得到。如果我是你，绝对不会退学。我实话告诉你吧，最近我正在准备自学考试。你还是好好学习，以后上大学，找个好职业吧。游戏一旦成为职业，就不好玩了！”

实际上，正是这些与晟豪经历过相同的烦恼、有过同样梦想的前辈们的肺腑之言对晟豪影响巨大，让他原本固执的念头出现了松动。

一个月很快过去。我们按照计划再次召开家庭会议。我和丈夫事前已经统一了意见，假如晟豪经过深思熟虑，仍然选择退学，虽然我们会很难接受，但一定会相信和支持他。面对自己选择人生的孩子，我们不会提出质疑，只会给予掌声。另外我们还约定，一定要全力配合孩子实现梦想。就这样，决定命运的时刻到了。

“在这段时间里，你应该已经考虑充分。那么你做出决定了吗？”

对丈夫的提问，晟豪的回答出乎意料地干脆：

“看来是我想得太简单。我不会退学。”

虽然不动声色，我和丈夫紧握的手已经被汗水湿透。听了晟豪的决定，我们终于松了一口气。

“从现在开始，我只想享受游戏。听前辈们说，如果成为职业选手，就会失去玩游戏的乐趣。当玩游戏成为职业后，就无法享受游戏了。我不想这样。”

“好，明白了。我们尊重你的决定。”

对晟豪的决定，丈夫默默地点头。

“那么从现在开始，你打算做什么？”

我的问题似乎使晟豪有些难为情，他挠了挠头，支支吾吾地说道：

“我……现在是高中生……我想好好学习。”

我和丈夫的手再次紧紧握在一起，仿佛被注入了强大的力量。晟豪终于做出了想要学习的决定。

现在的晟豪正处在人生关键的转折点。当一个少年将自己前进的道路定为学习的时候，会发生什么？一个从不按父母指引的方向前进，一直我行我素、自己做主的孩子，如果选择了学习，将会发生怎样惊人的事情？

自从晟豪自己选择了学习，我和丈夫终于见识到传说中的奇迹——发生在晟豪身上难以想象的变化！

小贴士

哈佛大学图书馆墙上的30条训诫

1. 此刻打盹，你将做梦；而此刻学习，你将圆梦。

2. 我荒废的今日，正是昨日殒身之人祈求的明日。

3. 觉得为时已晚的时候，恰恰是最早的时候。

4. 勿将今日之事拖到明日。

5. 学习时的苦痛是暂时的，未学到的痛苦是终生的。

6. 学习这件事，不是缺乏时间，而是缺乏努力。

7. 幸福或许不排名次，但成功必排名次。

8. 学习并不是人生的全部。但，既然连人生的一部分——学习也无法征服，还能做什么呢？

9. 请享受无法回避的痛苦。

10. 只有比别人更早、更勤奋地努力，才能尝到成功的滋味。

11. 谁也不能随随便便成功，它来自彻底的自我管理和毅力。

12. 时间在流逝。

13. 现在淌的哈喇子，将成为明天的眼泪。

14. 狗一样地学，绅士一样地玩。

15. 今天不走，明天要跑。

16. 投资未来的人是忠于现实的人。

17. 教育程度代表收入。

18. 一天过完，不会再来。

19. 即使是现在，对手也在不停地翻动书页。

20. 没有艰辛，便无所获。

21. 梦想就在前面，为什么不伸手?

22. 睁不开眼睛?那么也无法睁开望向未来的眼睛。

23. 不要打瞌睡，去睡觉吧。

24. 成绩与投资的时间成正比。

25. 最伟大的事情都是在别人睡觉的时候完成的。

26. 考试越迫在眉睫，越觉得之前虚度的光阴分外宝贵。

27. “不可能”是不努力者的借口。

28. 努力的代价不会无故消失。

29. 多学习一个小时，你会找到一个更好的老公。

30. 失去健康等于失去一切。

别阻止孩子成为乔布斯一样的人！

苹果公司的创始人，被世人公认为创造和革新的标志性人物史蒂夫·乔布斯也没有上完大学。准确地说，是在里德学院上了6个月后退学。退学的原因有两个：

第一是家境。他对身为工薪阶层的养父母倾尽积蓄负担高昂的学费感到愧疚。第二是他找不到大学课程对他产生的任何价值。

“我上了6个月大学，但找不到任何价值。我不知道等我毕业后要做什么。上大学要花掉父母一生的积蓄。所以我决定退学，我相信我的选择是正确的。”

但退学并不是那么罗曼蒂克。他失去了宿舍，只能在朋友房间的地板上睡觉；他还要去捡可乐瓶子，仅仅为了填饱肚子；星期天的晚上，他为了去寺院吃到免费的晚餐，需要走很远的路。

尽管如此，史蒂夫·乔布斯还是自信地表示，退学是自己人生中做出的最棒的决定。自从退学后，他不需要听无聊的课程，可以去听自己感兴趣的东西。其中最具代表性的就是美术字课程。这对他以后设计最具艺术性的MAC电脑带来了很大帮助。如果没有退学，他就不会有时间去听美术字课程，也无法设计出让所有人受益的美丽的电脑字体。他这样说道：

“你不可能在眺望未来时把生活中的每个点连接起来，只有回顾时才能连点成线。所以你必须相信今日所做的会影响你的未来。我从没有放弃这样的想法，这改变了我的人生。”

史蒂夫·乔布斯在人生的转折点选择相信自己、现在、梦想以及信任的奇迹。以此为基础克服了退学后遇到的困难，最终创建了享誉世界的企业。

我们的孩子也必然会面临人生的转折点。有的孩子会像乔布斯一样勇敢地放弃学业，追逐自己的梦想。相反，也有的孩子在追逐其他梦想的过程中又会重拾学业。他们的选择没有正确与错误之分。重要的是孩子是否相信自己、现在、梦想和信任的奇迹。如果我的孩子有伟大的梦想，我们就要果敢地相信孩子。谁会阻止自己的孩子成为乔布斯一样的人呢？

像游戏中一样，在学习中制定战略

在父母强求下学习和自我主导学习到底有什么区别？晟豪以前也有过几次准备好好学习的打算，但没坚持几天就不了了之。其中的原因在于缺少学习的明确目的和热情。可是现在，晟豪拥有了这一切，他变得极其“可怕”。

决心学习的晟豪当时在班里的成绩是第 6 名——倒数的。那几天的期中考试，晟豪的成绩在 35 名学生中排第 29 名。

“哇，我的成绩还真不赖！”

晟豪拿起成绩单，吐了吐舌头，就像手中的成绩单不是自己的一样。以前，他对学习毫无兴趣，所以也不会关心自己的成绩大概是什么程度。

“我现在的成绩虽然很差，但既然已经决定好好学习，以后我会努力提高！”

“当然了！如果对一件事保持热情，就要成为最好，晟豪你一直是这样的人。比如游戏，你不仅是全校第一，甚至还进入亚洲前 30 名。

学习为什么就不行？在妈妈看来，学习和游戏完全一样。就像在游戏中制定战略一样，你也要制定学习战略。”

“战略？”

听了我的话，晟豪摇了摇头，不太明白我所说的意思。

“你觉得只是盲目地玩游戏能够提高水平吗？”

“当然不能！想要玩好游戏，需要动脑，不然再努力也很难使水平提高。”

晟豪自豪地向我解释想要玩好游戏有多么困难，在如此困难的游戏中能够排到亚洲前 30 名是多么伟大。

“像游戏一样，如果在学习中不制定战略，盲目努力，你认为会提高成绩吗？”

让一个完全不学习的孩子从一开始就认真学习，这几乎是不可能的事情。因为虽然内心很想学习，但行动却很难跟上。这就好比长时间停用的机器，从一开始就全速运行，那么会发生什么事情？当然会超负荷，最终发生故障。这么做只会招来完全相反的结果。我建议刚开始学习的晟豪不要太勉强自己，就像机器预热一样，要循序渐进。不给自己太大压力，逐渐去适应学习环境非常重要。

另外，晟豪第一次开始上补习班。因为基础不足，英语和数学科目很难跟得上课程进度，需要补习。一个月前还在抱怨学习很无聊的孩子，现在已经自己决定去上补习班，并且付之行动。

在学习的同时，晟豪也开始锻炼。学习需要精神高度集中，而这需要以充沛的体力为基础。晟豪没有忽视运动的重要性。每天放学回家后，晟豪都会在跑步机上锻炼一小时。接近 90 公斤的身材使他很难长时间坐在书桌前学习，这让他觉得很累。

“晟豪为了减肥要锻炼？那么我也参加。要不我们就比比看谁减得更多？”

当时丈夫因为工作长时间驻留在台湾，他听说晟豪开始锻炼后，也饶有兴趣地参加进来。

“好啊，那我们就比一比，看谁的体重减得最多。”

“哼，这种事怎么能少得了我？从今天开始，老妈我也要运动！”

“我也参加，我也参加！”

我和老二晟俊也加入到竞争行列，和他们一起进行锻炼。丈夫和晟豪虽然距离很远，但每天都会通过电话互相确认对方的体重和运动量。爸爸在不在身边不重要，重要的是关心不关心孩子。虽然距离很远，但晟豪与爸爸的心始终在一起。就这样，一边锻炼一边学习，晟豪不仅减轻了体重，体力也增加了。刚开始，晟豪在书桌前连一个小时都坚持不了，现在已经可以长时间学习。

学习也要制定核心战略，并且根据战略制订详细计划，一步步地执行。就像玩游戏一样，游戏一开始的等级通常是 1 级，需要经过完成任务、逐渐积累经验才能升到 2 级。晟豪首先要做的是认真听课。之前上课时，他只顾贪玩，而现在的他开始全神贯注地听讲。如果在上课时遇到问题，一定会向老师提问。英语和数学科目就在补习班学习，弥补没有打好的基础。另外，每天还要听一节网络课程。神奇的是，对梦想的迫切期待仿佛能够使身心变得强大，由于刻苦学习，晟豪的睡眠逐渐减少，但他始终精神百倍，就像玩游戏一样，完全没有疲劳的感觉。第一学期期中考试时才开始正式学习的晟豪，在三个月后的期末考试中连升 11 位，从第 29 名提高到第 18 名。

“哇，太棒了，妈妈！我只学习了三个月，没想到能升 11 位！”

晟豪不敢相信自己的成绩单，他反复盯着看。喜悦的神情就好像在游戏中从 1 级瞬间升到 3 级一样。

“妈妈，原来学习还真有意思。呵呵……”

从晟豪的脸上，我感受到他一定要在下次的考试中更上一层楼的信心。既然晟豪的学习欲望越来越强烈，为了让他更有动力，我和丈夫适时地将“胡萝卜”丢了过去。

“如果进入前三，我们就给你奖励。有信心吗？”

“前三名？嗯……下次的考试应该很难。不过只要继续保持这种学习状态，到了二年级以后，应该能做到。到时候，你们可不能说话不算数。”

晟豪并没有盲目骄傲。他客观地看待自己现有的水平，制订详细的计划和目标，包括到下一次考试要提高多少成绩，并要为此付出多大努力。这一切，他都已经考虑在内。

从此之后，晟豪的上升势头迅猛。在第二学期期中考试，他又连升 5 位，排到第 13 名。高中一年级最后一次期末考试，他终于成为班里的第 2 名。不到一年的时间里，他从倒数第 6 名上升到正数第 2 名！

“妈妈，这次我得了第 2 名！”

我和丈夫拿着晟豪递来的成绩单，都有一种异样的感觉。从上小学开始，十年的时间里，晟豪一直在末尾徘徊。从不学习的他，只用了不到一年，就取得了惊人的成果！晟豪的潜力似乎无穷无尽，他还能有多大的发挥空间……正在做着美梦的我们，被晟豪的一句话拉回现实。

“妈妈，说好的奖励呢？”

“啊，对了！奖励！”

我和丈夫同时发出感叹。

什么是学习的乐趣？有的学生会说是吸收新知识时的感觉。不过大部分学生会认为是通过努力提高成绩时获得的成就感。假如付出努力却得不到回报，学习就会变得十分困难。

也有很多教育类书上提到，为努力学习的孩子提供提高成绩的奖励并不好。书中的观点认为，学生们需要追求学习的真正乐趣，而不是为了一时的奖励而学习。从理论上看,这种观点很有道理。但联系到现实中，我的看法稍有不同。学习是一场漫长的赛跑，为了使过程不至于枯燥乏味，需要偶尔给孩子提供一些惊喜，那样才可以扔掉无聊的感觉。努力学习，但无法提高成绩，这表示学习战略有问题，或许会导致孩子厌倦学习，使他们无法集中注意力。这个时候，我们要和孩子一起制定战略。学习又像漫长的战争，如果在战争中始终执行同一种命令，士兵们很快就会疲惫。这样的士兵自然会觉得战争很无聊。让孩子成为将军，制定战略，再加上父母的一些建议，孩子将在学习这场战争中必胜无疑。

小贴士

让孩子选择自己的人生

孩子想要怎样的人生，这是属于孩子自己的选择。而父母唯一可以做到并为之努力的是，让孩子看到更多、更美好的选择。

很多父母们都做得很好。为了给孩子更多选择，他们尽了最大的努力。为了送孩子到最好的学校，为了让孩子方便上下学，很多家庭都搬到了学校附近，父亲们甘愿承受漫长的上下班时间。

遗憾的是，父母们一直都做得很好，最后却犯错。他们经常在不知不觉中想代替孩子做出选择，而不是让孩子自己去选择。很多父母都不知道，这样会让孩子产生对立情绪。

教孩子去想象幸福的未来

很多成功人士都承认，“我一定能成功！”这种自我暗示，也就是表象训练带领他们走向成功。所谓表象训练，就是指栩栩如生地想象未来的事情，把它想象成就像现在已经发生的事情一样。

比如我们想象手上有一颗未熟的柠檬。我们便可以进一步想象，剥开青色的皮，将里面的果肉放进嘴里，结果会如何？我们当然会口水直流。只是想象未熟的柠檬，就令我们的身体产生了反应。通过这种给我们真实感觉的想象，我们可以改变自己的身体。

被称为“奥马哈贤人”，并通过价值投资成为世界首富的沃伦·巴菲特表示，自己能够成就梦想的原因就是小时候不断想象再想象。正如他说：

> 我在小时候，一直在清晰地想象着成为世界第一富豪的自己。我从未怀疑过自己将成为富豪的事实。

自从开始学习，晟豪也进行过大量表象训练。具体到日常就是每天在学习前，首先制订具体计划并不断想象。而大的方面则是不断想象在考试中提高多少成绩。就像玩游戏的时候想象自己在比赛中战胜职业高手获得

冠军，他每天梦想着成为全校第一，并为之而努力。

当确信自己能够做到的时候，孩子的能量和自信心将会奇迹般地得到提升。大部分学习不好的孩子梦想虚无缥缈，目标也会变得不明确，最终在学习的战争中失败。只有梦想和目标明确，孩子才能去想象幸福的未来，产生学习动力。

伟大的结果始于伟大的提问

伟大的结果始于伟大的提问。“苹果为什么会从树上掉下来？”这个偶然从内心产生的疑问使牛顿发现了万有引力定律。对所有人认为是理所当然的事情和并没有注意的现象提出质问，就可以揭露隐藏在世界里的真相。

“学习客卿”是什么？简单地说就是提问。在孩子的身旁，通过提问、倾听和反馈来引导孩子，使孩子发现自己的潜力，计划自己的未来，从而自己去实现。这与“父母去发现孩子的潜力，计划孩子的未来，要求孩子去实现”是完全不同的方法。

为了认真学习的晟豪，我尽全力使自己成为一个好教练。为了解决晟豪每天早晚上下学困难的问题，我成为了孩子的专职司机。这样做的目的不仅仅是方便孩子上下学，更重要的是将接送晟豪上下学的一个小时最大化地利用。这段时间成为我与晟豪大量交流的宝贵的客卿时间。

为了让晟豪更有效地学习，我每天都会进行客卿指导。

“你觉得今天的课程怎么样？”

“今天有没有学到有趣的内容？有没有不懂的部分？”

“妈妈，我觉得数学微积分很难，不管怎么学都不太理解。”

“或许之前学习的方法不适合你。你可以想想，有没有你之前从没有尝试过的方法呢？”

思考之后，晟豪想到了一种方法。他不再像以前一样只是单纯地计算，而是在计算的时候将概念和原理也都写出来。虽然计算的时间延长，不过一直这样做下去后，逐渐起到了效果。就像这样，我接晟豪上下学的一个小时成为一起制定有效学习战略的时间。

因为第一次发现原子钟概念，而在 1944 年获得诺贝尔奖的拉比曾经遇到记者的如下问题：

“您是如何想出那些惊人想法的呢？有什么特殊的秘诀吗？”

拉比安静地回答：

“我小时候回到家后妈妈总会这么问我，‘孩子，今天上课时问了老师什么问题？’妈妈的这种提问成就了现在的我。”

当孩子放学回家后，我们一般最多问“今天听老师话了吗”“今天和朋友们相处得还好吧”等简单的问题。据说，犹太人家庭从小就开始给孩子培养正确提问的习惯，甚至有人认为犹太人获得诺贝尔奖最多的原因也在于此。

我通过提问引导晟豪自己找到答案。我希望为晟豪培养提问的习惯，特别希望晟豪成为通过提问不断“骚扰”老师的学生。

“独自认真思考问题也不坏，但如果很难解决，最好去请教老师。最好的老师就在你身边。”

学习好的孩子们都有一个共同点，那就是积极利用老师。每一位老师都在每个科目中达到了最高水平，是一本活着的“参考书”。不重视学校课程，任何学生都无法在学习上进入第一集团。学习差的孩子才会忽视唾手可得的宝藏——学校课程。向老师提问的学生可以将所有老师都拉到自己身边。比如去教务室问数学题，得到的收获并不仅仅是掌握一道数学题；看到认真学习的学生，教务室里的所有老师都会对他产生好感。

特别是像晟豪这种成绩一直在末尾徘徊的孩子，如果这样的孩子决心好好学习，老师们会非常高兴。作为教育者，原本学习好的孩子认真学习自然是值得高兴的事情，但让一个学习差的孩子通过努力变成学习好的孩子时，会得到更大的成就感。也就是说，当老师的教育热情被点燃，老师会为主动问一道题的孩子回答 10 道题。

实际就是如此，晟豪的提问战略产生了巨大的效果。刚开始他觉得去教务室提问不好意思，不过熟悉之后，他甚至将教务室的门槛都踏破了。去问数学题时，旁边的科学老师就会主动对晟豪说，有什么不懂的可以问，晟豪可以借此补习科学科目；然后旁边的英语老师又会叫他过来，亲切地告诉晟豪存在的不足和以后学习的方向。

成绩在班里垫底，原本要去当职业电竞选手，对学习毫无兴趣的晟豪突然发奋图强，哪位老师会不高兴？不仅如此，晟豪这种认真学习的态度还感染了其他同学，使班里的学习氛围改善，老师们欢迎都来不及。他们甚至主动去找晟豪，向他传授知识。

就像这样，我通过不断地提问刺激晟豪，而晟豪则通过不断地提问将老师们变成“自己人”。

怎么做才是最好的？我们在学生时代已经亲身体会了这些，当然都知道答案。通过参考学生时代父母对待我们的方式，我们就可以明白用什么样的方式对待孩子才会有效。但我们却经常发现，自己竟然沿用着父母那些失败的教育方法。“如果父母不再责骂或催促我，而是给我一点鼓励该多好……”“如果父母相信我，再耐心一点该多好”。我们是不是一边在这么想着一边却用同样的方式来对待自己的孩子？

对学习产生兴趣的晟豪或许是对以前整天玩游戏的时间感到可惜，他曾这样问过我：

“妈妈，为什么我玩游戏的时候您没有阻拦我？”

我反问道：

“如果我当时阻拦，你会怎么做？”

晟豪想了一会儿后回答道：

“嗯……如果您一直干涉和阻拦我，我应该会离家出走吧。当时我的梦想就是游戏。”

“妈妈一直相信晟豪。昨天是，今天是，明天也一样是。”

听到我的话后，晟豪不好意思地说道：

“谢谢妈妈。我会努力，不辜负妈妈的信任。”

很多母亲在孩子上低年级的时候，对学校的课程有信心，会亲自教育孩子。一旦孩子上了初中和高中，她们就会觉得自己的知识不足，不再负责教育。其实就算父母的受教育程度低，也不用放弃教育孩子。我们可以做到聆听孩子的烦恼，与孩子一起寻找方法。并不是最好的选手就可以成为最好的教练。我们可以成为最好的教练，所以一定要有将孩子培养成才的勇气。

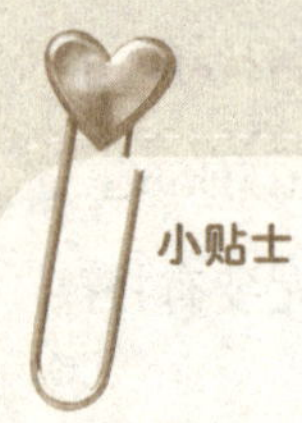

小贴士

好老师是可以创造出来的

不管是以前还是现在，父母都在为找到能够给孩子带来积极影响的好老师而东奔西走。

又能教书育人，又和蔼可亲，又能和孩子们打成一片，又能在孩子遇到困难的时候给他们带来力量……想找到这种像人生导师一样的好老师非常困难。正因为如此，我们要改变自己的想法，努力去创造适合孩子的好老师。别的孩子眼里最坏的老师，或许正是我家孩子最好的老师。

所以，妈妈要有勇气去创造最好的老师。

去除贪心的想法

这是20世纪最著名的画家毕加索的故事。有一天他正在餐厅吃晚饭，这时来了一位中年女性，请求毕加索在自己的手帕上画一幅画，并表示愿意支付他要的任何价格。毕加索欣然接受了她的请求，很快就在手帕上画完，然后说道：

“价格是一万美元。”

中年女性非常惊讶地反问道：

“一分钟没到就画完，您不觉得太贵了吗？”

毕加索回答道：

“为了达到这样的水准，我已经花费了40年。所以一万美元并不算贵。”

在我这里接受客卿指导的父母中，经常有人这样问我：

“很奇怪，听了老师的方法后，我觉得真的能做好，可回到家后，却并不顺利。这是为什么呢？”

“我按照老师的话去做，可并没有得到太大的效果。”

原因是“一口吃个胖子”的贪心想法。吃了一次药，打了一次针，疾病就会痊愈吗？当然，对于父母的尝试，有的孩子也会很快就能表现出变化的征兆。但大部分孩子都会根据反作用的原理行动，在父母接近时本能地表现出离开的倾向。这就像磁铁的N极和S极一样，原本天各一方的关系，不可能突然变得形影相随。

父母应该将孩子拉到自己这边，还是走到孩子那边？没能将孩子拉到自己这边的父母，现在应该走到孩子那边。尝试多接触他们几次，就算他们并不愿意接近，父母也不要失望。那是因为孩子受到的伤害太大。要记住，为了相信孩子，我们首先需要相信自己。

把它写下来，让它发生

提出“记录的力量”这种观点，向人们传播能够带来奇迹般变化的“记录的力量”，改变他们人生的亨利埃特·克劳瑟博士，在著作《把它写下来，让它发生》（译者注：该书的英文名为“Write It Down, Make It Happen”）中介绍了关于自己儿子的有趣故事。皮特 12 岁的时候，他拿着一张纸，走到母亲的身边惊讶地说：

“妈妈，我在打扫房间的时候看到了两年前写的一张纸条。没想到当时记录的事情现在竟然全部实现了。”

皮特的纸条上记录着“学习空手道，参加戏剧演出，在公园露宿一夜”等等想做的事情，而在这两年中，皮特完成了记录的所有事情。虽然他并没有刻意去查看纸条，甚至已经忘记了自己把想做的事情都记录在纸条上。

达成目标最有效的方法之一就是“记录”。在正式开始学习以来，晟豪也一直在写“计划表”。先总结当天的得与失，然后将具体的目标写下来。

有一个惊人的事例表明，根据思考和记录目标的具体程度，将会改变自己的未来。一个研究小组在1953年以耶鲁大学毕业生为对象进行了与“人生目标”有关的研究。研究人员们对有人生目标的毕业生和没有人生目标的毕业生进行追踪调查。直到1975年，研究小组对这些毕业生20多年的变化进行了观察和记录。最终，他们得到了以下结果：

没有目标的27%的人：沦落为贫民阶层。

有简单目标的60%的人：保持平凡的生活。

有明确和具体目标的10%的人：从事专门职业，进入上流社会。

将具体目标记录下来的3%的人：收入高于其他97%的人收入总和，成为社会的领导层。

据说以1979年哈佛大学MBA专业的毕业生为对象，调查他们10年后的人生，得到的结果也非常相似。对比没有目标的84%的毕业生的收入，有目标的13%的毕业生的收入总和达到前者总和的两倍，而将具体的目标根据阶段详细计划并记录下来的3%的人，他们的收入总和是其他97%的总和的10倍。就和这些例子一样，制定具体的人生目标并记录下来的人可以创造惊人的奇迹。晟豪也是通过写计划表随时鞭策自己，最终使梦想成为现实。

写计划表对于找到自己的学习风格也非常重要。事实上，所有孩子的学习方法都不同。有的孩子左脑发达，有的孩子右脑发达，因此学习风格也不可能一样。通过计划表，晟豪了解到比起在夜里学习，早上学习更加有效，并发现了在早上能够更集中精神学习的方法。

另外，使用计划表管理时间也变得容易。通过时间管理可以将课间休息时间、午休时间有效利用起来，这些零散时间加起来至少有200分钟。晟豪对这些也非常珍惜，因此自创了“10分钟学习法”。不管是去洗手间，还是课间休息，他都将那些时间最大化地利用起来。

记录目标是管理我们能量的最有效方法。计划表可以重新规划自己，是改变坏习惯，培养好习惯的最佳战略。

让孩子记录自己的目标吧。让孩子描述出成就梦想时的情景，享受成功的快乐，这是让他集中精力的最佳方法。就像晟豪将写在计划表上的高考目标完整地实现一样，只要将目标写在计划表上，这样学习的孩子将会创造惊人的奇迹。写什么就能成就什么。把它写下来，让它发生！

拒绝疲惫，送给孩子最好的体验

有谁会许愿，让自己学习差吗？肯定一个也不会有。父母会为不爱学习的孩子而头疼，可没有一个孩子希望自己学习差，就算得倒数第一像家常便饭一样的孩子，也会梦想成为全校第一。他们都迫切希望成为第一，要让平时小看自己的老师、父母和同学们目瞪口呆。

现实却非常残酷。谁都希望自己的学习成绩好，但成功的孩子很少。原因有很多，最重要的是很多孩子都忽视了学习是一场漫长的比赛。马拉松选手需要在 2 小时内连续奔跑 42.195 公里，能够让选手坚持跑完的助力之一就是“风景的变化”。在风景一成不变的环境下奔跑，要比在景物丰富多变的环境下奔跑消耗的体力多得多。类似的例子还有行驶在不同的路况下，人的注意力会有所不同。如果在喧嚣的城市中心，人的精力会高度集中；相反，如果一直行驶在荒野上的高速公路，就很容易犯困。相同的情况不断重复会使人的注意力下降。

考试前夕，就连平常不怎么学习的孩子也会为考试而通宵达旦复习。

英语、数学等科目即便临阵磨枪也很难提高成绩，只能把精力花费在需要背诵的科目上。就这样，临阵磨枪后得到一些成绩的孩子们会想：

“我原来也可以做到。只是认真学习了几天，就提高了成绩。只要每天认真地学习，我也有信心学好！”

孩子们陶醉在美丽的梦想之中，信誓旦旦地制订学习计划，开始努力，很快就会遭遇失败。其中的原因只有一个，那就是这种学习方式，他们往往坚持不了几天，不知不觉就会回到以前懒惰的生活状态中。

这个时候，孩子正需要父母的帮助，但很多母亲却只顾着对那些半途而废的孩子进行打击和嘲笑。

“我早就猜到是这样。没坚持几天，你又开始玩游戏了，你这不像话的东西！”

不像话的人并不是孩子，而是母亲自己。学习不容易，孩子们对学习感到疲惫是理所当然的事情。

世界著名的IT企业，聚集众多IT精英的谷歌公司推荐员工做下面的事情：

“每个人都要有20%的自由支配时间！”

从一般的常识来看很难去理解这句话。企业为了提高利润，本应该让员工加班加点，可谷歌却没有这么做。因为他们懂得休息（Time off）的力量，人类不是机器。即便是机器也需要维护。谷歌并不是简单和机械性的体力密集型企业，而是要求高度注意力和充沛精力的IT企业，他们知道充分的休息更有利于获得创意。

学习也是如此。晟豪越是努力学习，我反而越是担心晟豪在某一天会突然失去对学习的兴趣。

“他好不容易才决心学习，不能让他半途而废，重新沉迷于游戏！”

母亲们大多数都会尽量给认真学习的孩子创造适合学习的环境，我却努力让晟豪体验学习以外的经历。

平常放学晚，没有机会。所以一到周末，我们就会全家人一起出去活动。有时候会去健身中心跳舞，有时候会去爬山，有时候会去钓鱼。当然，假如周末能够多学习也不错，但我还是更相信一个简单的道理，那就是只有劳逸结合才能提高学习效率。为了让晟豪能够在短暂的时间内缓解学习压力，充分享受放松和自由的生活，我一直在努力。

丈夫也为晟豪竭尽所能。虽然工作非常繁忙，但只要公司里没有特别活动，他都会按时回家。全家人一起吃饭后，他会带着晟豪去散步，而这段时间并不用来给晟豪提供建议或给予鼓励。有目标当然很好，但如果把所有时间都放在实现目标上，肯定会不堪重负。丈夫与晟豪散步的目的只是为让晟豪得到休息。与父亲一起散步虽然有些不好意思，但偶尔晟豪还会拉着父亲的手，这给疲惫的晟豪带来了巨大的力量。

进入高二正式开始准备高考后，晟豪很难抽出太多时间。但只要是周末，我们夫妻就会带着晟豪去蔚山公园散步。如果连这种时间也没有，我们就会带晟豪去市场或超市购物，努力让晟豪得到短暂的放松。

我尤其重视培养晟豪抽时间散步的习惯。伟大的哲学家康德最为人所知的习惯，就是每天同一时间在家附近散步，就像钟表一样准确，风雨无阻。有人甚至认为，他的伟大的哲学思想是通过散步获得的。散步使他能够整理思想，放松自我。

任何挑战都非常困难，因为这意味着要放弃舒适的生活，使自己的身体和精神超负荷运转。学习也是一种挑战，所以也很困难。挑战学习不是一两天，而是要坚持好几年，需要极大的耐心。所以容易疲惫也是理所当然的。

家、学校、补习班，三点一线。只接触与学习有关内容的孩子们明明应该学习效果更好，可事实却恰恰相反。正是这种单调的生活，让孩子们变得疲惫，忘记了学习的理由，失去了学习的动力。

在学习这场漫长的赛跑中，母亲只需要为孩子们做一件事。那就是，不要让孩子疲惫，送给他们最好的休息和最好的体验。

小贴士

肯定孩子的每一个梦想

孩子什么时候看上去最帅？从学校带来第一名的成绩单？不，孩子为实现自己的梦想而努力时的样子最帅。因为为梦想努力的人是世界上最美丽的人。

梦想会召唤新的梦想。就算孩子的梦想不符合父母的期望，也不用太担心。我们都知道，孩子的梦想会改变。谁知道呢！或许在实现梦想的途中，他会发现更美丽的梦想。在我们周围，有太多的孩子被学校和学习所埋没，像永不停止的机器一样忙碌，无法实现自己的梦想。

孩子的挑战即便莽撞又如何？梦想破碎会留下伤口，但只要不怕失败，孩子就可以从失败中成长，从伤口中获得经验和教训。

管理好孩子的压力

“真是烦死了！”

现在，很多母亲因为子女问题而患上抑郁症。但研究结果表明，韩国孩子的抑郁症发病率甚至比成人还高两倍，原因就是“世界第一”的学业压力。韩国学生的学业压力很早以前就已经达到了杀人的水平。更让人绝望的是，家长们不仅不为孩子减负，反而让他们承受越来越大的压力。最终，越来越多处于花季的孩子宁愿结束自己的生命。这并不是偶然现象。在高考的重压下，他们的内心充满了痛苦和抑郁，最终才会选择极端行为。及时解开他们的心结就能防范于未然，但这些孩子一直独自忍受煎熬。总之，父母和孩子都以自己的方式为了成绩而疯狂。

所以绝对不能忽视孩子的学业压力，必须要找到帮助孩子缓解压力的方法。随着晟豪的学习压力越来越大，我也尽最大努力帮助晟豪享受丰富的闲暇生活。学习并不是让孩子的人生变得幸福的必要条件，学习好的孩子并非没有学业压力。相反，越是站在顶峰，就越害怕坠入低谷。

为了缓解晟豪的压力，我们的闲暇生活丰富多彩，其中最具代表性的是登山。就算晟豪忙得不可开交，我们也会带他去登山。记得有一年冬天，我们沿着东海岸爬过被大雪覆盖的太白山。

“啊，好冷。妈妈也真是的，您就不能疼疼我这个宝贝儿子吗？”

踩着及膝的雪艰难行进的晟豪嘴上嘟嘟囔囔，连声抱怨，脸上却没有

任何不满。冰冷而新鲜的空气将整天学习带来的压抑心情一扫而空，换来的是晟豪明朗的笑脸。最终，我们如愿爬上了山顶，晟豪则将这段时间积累的压力和疲劳全都释放在那里。

寒假的时候，晟豪甚至还爬过汉拿山。我听说和我关系不错的登山协会会员们计划去攀登刚刚被冰雪覆盖的汉拿山，就请求他们带晟豪一起去。登山协会的会员都是曾经攀登过珠穆朗玛峰的专业人员，不会轻易带新手，不过在为了给儿子创造美好体验的母亲的不断请求下，他们勉强同意了。就这样，晟豪通过登山学到了忍耐和坚持，爬上山顶的喜悦将他积累的压力一扫而空。大自然果真是帮助我们充电和缓解压力最好的良药。

如果孩子开始好好学习，父母就需要寻找可以缓解孩子压力的方法。因为备战高考，所以没有时间过真正的休闲生活，这些不过是借口而已。父母不应该忽视孩子的压力，把它们仅仅当作学业的烦恼而袖手旁观。

最后一名获得第一名那一天

从班里第 29 名变成第 1 名，晟豪只用了一年时间，学习成绩提高的速度就像坐电梯一样。高三期中考试后，我接到了班主任的电话。

“您是晟豪的妈妈吧？”

话筒对面的老师好像很兴奋。

“晟豪的妈妈，您的孩子获得了全校第一！”

“什么？您说谁得了第一？”

“您的儿子晟豪啊，您是不是不敢相信？”

我深吸了一口气。怎么会不相信！我虽然是一个没有能力的妈妈，但最有信心做到的就是“相信我的孩子”，我怎么会不相信！

不争气的我眼角再次湿润，脑海里闪过无数画面。为沉迷于游戏的晟豪发愁，为讨厌学习甚至讨厌学校的晟豪担心。不堪回首的日子终于换来了今天的收获，一想到这，眼泪就像断了线的珠子一样掉了下来。不断地相信孩子，给孩子勇气，为了孩子的未来彻夜难眠，每当想起这些事情，我都忍不住落泪，可又怕孩子看到，想哭也只好躲到没人的角落。仿佛过去这一切的痛苦终于换来了回报，我又一次流下了眼泪。不过这一次，是喜极而泣。好不容易平静下来，我给丈夫打了个电话，把这件事情告诉他，让他早点回家。当天晚上，我们一家人隆重迎接放学回家的晟豪，每个人都给他热情的拥抱。

“晟豪，恭喜你！”

“你这家伙干得不错！”

“哥哥你太棒了！”

面对家人的祝贺，晟豪显得有些不好意思，笑着说道：

“我就拿过这一次第一，以后还要努力。”

晟豪并没有骄傲，冷静地面对自己创造的奇迹，并为明天而准备。看到这样的晟豪，我又差点流下眼泪。

只用了一年半的时间，晟豪就在高三的第一次期中考试中获得全校第一，他创造的奇迹使整个学校都沸腾起来。几天后，班主任打来电话，邀请我参加一个特殊的家长会。当时，晟豪所在的学校将成绩优秀的学生另分为一个班，并在晚上进行针对性授课。而对于家长会方面，我由于工作原因一直缺席。

我鼓起勇气，第一次参加家长会。到场之后，我听到周围的母亲们议论纷纷。

“到底谁是晟豪的妈妈？”

我不知道怎么回事，微笑着回答：

“我就是晟豪的妈妈，有什么事吗？”

所有的母亲都看着我。到底发生了什么事？她们为什么盯着我不说话呢？过了一会儿，我才想到了原因。

“听说晟豪在一年级的时候，成绩一直垫底，您是怎么让孩子在一年半的时间里成为全校第一的？”

其他家长最感兴趣的就是我的教育方法。她们认为我一定使用了什么特殊的方法，才能在这么短的时间内让倒数第一的孩子成为正数第一。可能父母会因为孩子得了第一，也觉得自己像第一吧！说实话，有生以来，我第一次有这种美妙的感觉，这让我觉得十分骄傲。当然，我不会因此而得意扬扬。接下来，我向她们介绍了只属于我的“教育法”。

“我能有什么特殊的教育法呢？我只是不断地相信孩子……”

另外，晟豪给其他孩子带来了希望。“原本比我学习差、只知道玩游戏的晟豪都能获得全校第一，我为什么就不行呢？”很多孩子都产生了这样的想法，学习劲头十足。孩子们纷纷效仿晟豪的学习法，制订学习计划，有不懂的问题就相互讨论，展开善意的竞争。孩子们把自己的目标写在书桌上，认真学习。最后的结果是，学校当年的大学升学率创下历史新高。遗憾的是，晟豪没有考上他想去的大学。高考当天，晟豪状态很差，最终没能考好。我和丈夫非常担心，怕晟豪无法接受。不过这种担心并没有持续太久。很快，晟豪就振作起来。

“和其他同学相比，我在学习上投入的时间非常少。虽然我在学校的成绩很好，但还有一些不足。总之，我很享受学习的乐趣，就算复读一年，对我来说也不算难熬。”

晟豪主动选择了复读。他亲自去打听复读学院，以及自己想去的大学和专业的信息，并为了实现目标而继续努力。这一切都是晟豪自己的选择和决定。因为是自己的选择，晟豪在复读的一年时间里尽全力学习。最终，他考上了延世大学，并成为大学四年奖学金获得者。大学生活让晟豪的人生翻开了崭新的一页。

我对晟豪感到满意的原因绝不是他的成绩好，考上了好大学。好成绩、好大学或许会为幸福人生增添砝码，但并不绝对。毕业于最好的大学也不意味着不会失败。

通过学习，晟豪得到了“人”。他克服了躲在房间里玩游戏的消极性格，认真努力并取得了成功。就像盛开的花会吸引蜜蜂一样，在努力的晟豪周围始终聚集着积极向上的人。直到现在，晟豪还与高中老师关系密切。每逢教师节，晟豪都会请老师喝酒。他和复读学院的老师也一直保持联系。晟豪还有很多朋友，不仅在韩国，还有在旅途中结识的世界各国的朋友。在比学习更重要的人际交往方面，晟豪同样非常成功。

如今的晟豪已经逐渐成长为干练而成熟的男人，一步步走向世界。我相信，晟豪的人生会更加精彩；我相信，不管怎样的困难和逆境，他都一定能战胜，勇往直前。原因很简单，因为我相信他。父母的信任能给孩子带来无穷的力量。

我的梦想，现在起航！

洪晟豪

小学时期：担心，NO！烦恼，NO！尽情玩耍！

上小学的时候，我一到放学就跑去和附近的朋友哥哥们一起玩。据说小学也有考试，我却一点也记不起来……我对那时候的唯一印象就是和朋友们无拘无束地嬉笑打闹。

小学三年级的时候，我第一次迷上了游戏。每天放学后，我都会准时去游戏厅“上班”，没钱的时候甚至对妈妈的钱包下手。有一次，我偷钱被妈妈发现。我当时很害怕，妈妈却没有生气，反而多给我零用钱，让我尽情地玩游戏。这让我感到很意外。自从每天得到2000元零用钱后，没过几天，我就对游戏感到厌倦，不再去游戏厅了。

小学四年级的时候，我家买了电脑。当时，我偶然接触了一款叫“星际争霸”的游戏。这款游戏完全颠覆了我的生活，带我走进了从未体验过的虚拟世界。那时候的我整天都和那些受我控制的角色们在一起。一直玩游戏，水平当然也会变高。小学五年级的时候，我在“星际争霸”比赛中获得全校第一。我们按照班级比赛，我在决赛中遇到的对手是成洙贤，他是四班还是五班的，我已经记不清了。总之，经过那次比赛，我们成了最好的朋友，直到现在。由于沉迷于游戏，我的生活变得非常单调，上学，游戏，吃饭，睡觉。四年级的时候，我的体重增加了 10 公斤，到了五年级，视力也急剧下降，被迫戴上了眼镜。

到了小学六年级，也就是 2000 年，游戏厅逐渐没落，网吧兴起，并以几何级数增长。每天放学后，我都会和朋友们一起去网吧。我从没有去过补习班，至于参加的课外活动，我只记得很小的时候学过跆拳道和钢琴。

就是这样，我每天陶醉在虚拟世界中过着快乐的生活。六年级快结束的时候，我已经变成了小胖子。那时的我从没有认真考虑过自己的人生和梦想。

初中时期：Only 游戏！学习抛在脑后，疯狂玩游戏

小学六年级寒假快结束的时候，因为父母的工作需要，我们搬家了。没过几天，我上了初中。我需要在新的环境里开始认识新的朋友。

接下来的几天，我逐渐发现初中与小学有太多不同。首先，基础课程至少有六节，每天一早就要起来上学，要坚持六七节课，晚上很晚才能放学，这让我感到非常难熬。说实话，除了英语，我对其他科目没有什么兴趣。与其他科目不同，英语是一门语言，我比较感兴趣，或许是

因为好奇……

初一学过了一个月，一个周一的早上，上学之前，我还是一如既往地玩着网络游戏“风之王国”。上学的时间快到了，可我一点也不在乎。那天我特别不想上学，只想玩一天游戏。所以开始在妈妈面前哭闹。

“妈妈，我不想上学。”

“是吗？那么你今天就不要上学了，妈妈会跟老师说的。你觉得和妈妈一起去玩怎么样？”

妈妈替我向老师请了一个星期的假，打算带我去旅游。其他孩子们都要上学，只有我例外，这让我感到很兴奋。当时，我对妈妈替我请假并没有想太多，觉得这样做很正常。

上午我一直在玩游戏，后来我退了出来。和我一起玩游戏的朋友们都去上学了，游戏里没剩几个人。别人都去上学，只有我一个人在家玩，我觉得没什么意思。

那天晚上，我们和爸爸一起商量这一星期到底去哪里玩。最后妈妈决定带我去济州岛旅游。我们立刻买了飞机票，并预定了济州岛最高级的宾馆。那次旅游成为我人生中最宝贵的回忆。

春暖花开，风和日丽。在其他孩子都要去上学的日子里，我却和妈妈一起来到济州岛旅游。我们在那里骑马，看杂技表演，品尝美食，玩得十分尽兴。偶尔有人问为什么不去上学，我都会自豪地告诉他们，我是向学校请假，和妈妈一起来旅游的。

第一天晚上，我们入住当地最高档的五星级宾馆，里面的东西一应俱全，太舒服了。第二天，我们坐出租车在济州岛逛了一圈。司机也觉得我和妈妈的这次旅行非常有趣。结束第二天的行程后，我们来到一家非常简陋的旅馆投宿。

“和昨天住的宾馆比起来，你觉得怎么样？想要国王般的生活，还是乞丐般的生活，最终的选择权在你自己。”

我还记得那天夜里妈妈对我说的话。这些话给了我很大的触动。

结束旅行回到家正好是周末，好好休息之后，我决定继续去上学。同学们并没有像我想象的那样，用异样的目光看我，他们只是对我这几天失踪感到担心。

我很快就再次适应了学校生活，不过这并不表示我完全醒悟并开始努力学习。我只不过是再次回到学校，至于生活还是和以前一样，上学，游戏，吃饭，睡觉。

初二暑假的时候，弟弟告诉我新出了一款游戏，叫做“魔兽争霸 3”。于是，我们俩一起去网吧体验这个新游戏。当时，我的平均成绩从没有超过 70 分。于是父母向我承诺，只要我的平均成绩超过 80 分，就给我买台新电脑。结果最后只有英语成绩在 80 ~ 90 分，数学和科学完全不懂，社会和国史只是临时抱佛脚，赶在考试前死记硬背。初三上半学期，我的成绩几乎是班里最后一名的水准，不过这影响不了我。我一直生活在“魔兽争霸 3”的世界中。

暑假的时候，“魔兽争霸 3”网站举行活动，我专门为这次活动跑去首尔，不但有幸见到了那时候著名的职业选手，还得到了他们的签名。这件事让我记忆犹新。

总之在初中的三年时间里，我一直维持着这种生活模式。到了初三，我甚至创造了惊人的纪录，身高不到 170 厘米，体重却超过 80 公斤。在虚拟世界中，我越来越强；但在现实世界中，我却变得越来越无力。

在初三暑假的时候，我们一家人去位于近郊的饭店吃饭。那家饭店前有广阔的草坪，还提供住宿。妈妈听说每年暑假都会在那里举行强化自我训练营，训练为期 10 天。于是建议我报名参加。怕我一个人不习惯，她还打算邀请我的朋友们一起去。刚开始，我的积极性不高，但妈妈承诺，如果我参加就给我买职业选手使用的价格 4 万元的高级鼠标，最后我同意了。

就这样，那次训练营成为我人生中最痛苦的回忆，和那里的生活相比，学生时代的各种训练完全不值得一提，我甚至觉得那比军队里的训练还要残酷，或许是因为当时身体和精神方面的脆弱所带来的巨大反差吧。我当时觉得非常对不起和我一起参加训练营的朋友们。当然，这都要得益于妈妈的“高明骗术”。

但是，我们坚持了下来，也正因为如此，今后不管遇到任何困难，我们都有信心去战胜。那时候，从凌晨 4 点开始到晚上 12 点，持续进行跑步、剑道、伸展运动、体能训练、力量训练、登山等各种训练，因为实在太累，我甚至想过在登山的时候跳崖，晚上睡觉的时候逃跑，故意受伤后退出等主意，不过最后都没有实现。就这样一天天地坚持了下来。我还清晰地记着，那时候整天祈祷老天下雨，以便能够减少训练量。

那时候，我喝过的水的味道令我终生难忘。原来浑身被汗水浸透后，所喝到的水竟然如此甘甜爽口。

在训练营的 10 天里，我减少了 4 公斤体重，体质得到了改善，最重要的是内心也变得坚强起来。

通过训练，我明白了纪律在团队中的重要性，提高了必要的团队合作能力。这 10 天训练成为改变我自身懒惰习惯的催化剂。直到现在，只要一想起当时训练的情形，我就觉得没有我做不到的事情。

高中时期：Wow！从倒数第一名到全校第一名的垂直上升

从初三寒假开始，为了成为职业电竞选手，我在游戏方面投入了大量精力。

从初二暑假开始练习的“魔兽争霸 3”实力已经大大提高，我从电视上看到职业选手们的比赛后产生了信心，决定去挑战他们。在假期，我加入了有很多职业电竞选手的兴趣组，通过对抗提高自己的游戏等级，当时已经达到了亚洲地区第 30 名——因为三月和四月举行的比赛只接受等级靠前的普通玩家。当我梦想着成为职业电竞选手、全身心投入到游戏时，赶上了高中刚开始的那段时间。

在会考中，我勉强过了普通高中的分数线。成绩差的学生会被随机分配学校，结果我被分配到离家有半小时车程、位于山里的弘明高中。刚开始我还抱怨，不过在开学仪式第一天，我重新见到了小学时的朋友们，感到很激动。可当我看到课程表后却险些晕倒。

1～4节上课；中午休息；5～6节补习；晚上休息；

6点30分～10点晚自习

我对这样的生活感到恐惧，这恐怕就是传说中的韩国高中生的晚自习！而晚自习时间，我不知道到底要在这里做什么。回到家已经11点，洗漱完接近12点，那时距离比赛没剩几天，而我只练习了一个小时的游戏就已经无法继续坚持，只好去睡觉。晚自习对我来说就是浪费时间，我要用更多的时间去练习游戏。我把我的想法告诉了父母。这件事只能由父母去跟老师说。

始终相信我的妈妈这次还是站在了我这边。妈妈亲自去找班主任，请求老师允许：

"我的儿子想要成为职业电竞选手，请您给他一些练习时间。"

多亏了妈妈，我不用再上晚自习，可以早点回家练习游戏，每天都可以练习五六个小时。时间过得很快，我有生以来参加的第一次线下比赛开始了。

比赛在三月末进行，目的是选出优胜者代表韩国参加在中国举行的世界总决赛。我记得，最后的冠军除了丰厚的奖金，还可以获得一辆轿车，好像是索纳塔。首先要在韩国的首尔、大田、釜山进行预选赛，每个城市选出4位选手。这12位选手再加上4位职业选手共16人将会在首尔进行韩国区决赛。赛区决赛的冠亚军比赛将会进行现场直播。只要进入韩国区决赛，就可以在无数观众面前进行比赛，我梦想着能有这一天。比起奖金或好胜心，我更想证明自己的实力。在成绩面前，所有看不惯我的人都会闭嘴，父母也会承认我。

预选赛当天，父母开车送我到釜山的比赛场地，还带着我最好的朋友。比赛在釜山的一家网吧进行，分成 A、B、C、D 四个组，每组 16 人，共 64 名选手。每组第一名有资格参加首尔的韩国区决赛。从 16 进 8，8 进 4，半决赛，我一路过关斩将，势如破竹。在决赛中，我遇到了达到职业选手水平的业余高手，稍微遇到了困难，但还是以 2 比 1 战胜了对手，首次品尝到胜利的喜悦。

回到学校，朋友们对我出线的消息非常激动。我得到了继续缺席晚自习的借口，为了首尔的决赛，我不断地提高自己的水平。到四月末，我就像出征的将军，带着熟悉的“武器”——鼠标和键盘，独自去了首尔。我现在还依稀记得父母送我到车站、为我喊“加油”的情景。

到达首尔后，我首先去了狎鸥亭洞，那里有认识的职业选手前辈们所属的俱乐部。我先在那里到处参观，了解职业选手的日常生活。那的确是我追求的梦想——俱乐部提供食宿，选手们只要每天玩游戏、吃饭、睡觉就可以赚钱……我的头脑中充满了当职业选手的想法。

第二天，我到达位于大峙洞的一家网吧，比赛将在那里进行。首先是抽签，我的第一场淘汰赛对手是一位职业选手，而且是上届冠军。在三局两胜制的比赛中我以 0 比 2 惨败。和我预想的完全不同，职业选手在操作、意识和大局观等所有方面都明显比我强。失败的那一刻，我突然很想哭，我想起了为我加油的父母，还记得自己曾自信地对爸爸说要给他换一辆车。带着复杂的心情，我回到了蔚山。一个星期后还有其他重要比赛，所以没时间伤心，我再次投入到练习中。我第二次去首尔参加比赛，又以 0 比 2 败于业余高手。

我感到很委屈。我恨学校，每天都要去学校浪费时间，这使我无法将全部精力投入到游戏中……我很羡慕那些退学后成为职业选手的前辈们，我还联系了职业俱乐部的教练，希望能为我提供实习的机会。当我从第二次比赛中落败，回到家的第一天晚上，我就向父母宣布了爆炸性的决定——我想退学。那天，我和父母谈了很多。

人生只有一次，到底要怎样过，要做什么？游戏是不是我人生的全部？我能不能在游戏以外找到自己的价值，拥有梦想和人生的意义……有生以来，我从没有认真考虑过这些问题，关于我的未来，我与爸爸从晚上谈到第二天凌晨。原本绝对要当职业电竞选手的想法，在这一天改变了很多。

父母让我考虑一个月后再做决定。在这一个月里，我经常和职业选手前辈们沟通。

大部分前辈却都对我这样说：“你是不是觉得当职业选手很了不起？把游戏当作爱好吧，你应该好好学习。”前辈们并不希望我和他们走同样的道路。我的偶像，我的梦想，这些在我心目中无比闪亮的职业选手们对我说的竟然是这些话……当我回顾自己的经历后，逐渐萌发了放弃的想法。好吧，游戏就当作爱好吧。既然我从来没有认真学习过，从现在开始，我就试试看吧。我决定像玩游戏一样去挑战学习。

How to 学习？像游戏一样战略性地接近！

我下定决心好好学习。在这期间我们考了期中考试，我的成绩是全班 35 名中的第 29 名，也就是倒数第 6 名。不过我现在已经决定认真学习，这只是个开始，我并不担心。

我开始认真听课，在晚自习的时候复习学到的知识。原本一窍不通的问题，真正用心去做以后，我发现其实也并不是很难。晚自习结束，回到家后我就会立刻在跑步机上锻炼一个小时以减轻体重。原本我身高 170 厘米，体重 86 公斤，只花了两个星期，就减掉了 5 公斤。

每天，我都努力学习和运动。真正开始学习后的高一第一学期期末考试，我连升 11 位，排到班里的第 18 名。在第二学期期中考试中我排到第 13 名，高一最后一次期末考试，我的平均成绩首次超过 90 分，获得了班里的第二名！这是非常让我满意的结果。父母为了鼓励我，曾和我开玩笑，如果我能获得班里前三名就给我奖励。他们没想到我这么轻易就完成了任务。记得在我初中的时候，父母对我承诺，平均成绩如果达到 80 分以上，就给我买台新电脑，我现在稍微能体会他们那时候的心情了。

高中一年级结束后，我对学习产生了信心，正式开始准备内审考试[1]和高考。为了打好基础，我开始上英语和数学补习班。我的英语

[1] 韩国测试学生在校期间学习和品行的考试，用于在学生升学时向上级学校反映，包括期中和期末考试。

成绩一直都不差，不过我决定努力做得更好。和英语相比，我的数学基础烂得一塌糊涂。所以，我从初三的课程开始耐心地学习，用知识快速充实空荡荡的头脑。假期期间，我一直忙着巩固基础，迎接高二的生活。

从高二起，我正式开始写计划表。从那以后，我能够对自己运动和学习的时间等进行综合管理。在高二的第一次期中考试中，我获得了班里的第一名，并在高二时期一直保持成绩稳定。高一时，在满分 500 分的模拟考试中，我只得到 250 分，之后历史平均成绩已经超过 350 分。高二寒假，我继续弥补不足，有不懂的问题就向别人询问或是在网上搜索答案，学习的信心越来越足。

高三开始后，父母承诺只要我能得到全校第一，就会奖励我 100 万元。现在，物质奖励对我来说已经成为次要因素，因为我已经醒悟，学会主动学习。距离高三第一次期中考试还有三个星期时，我就开始针对性地复习。内审考试出的题一般都是老师们教过的内容，我只需要反复去看教科书和学习笔记。

期中考试结束后没过几天。一天早上，班主任兴冲冲地走进教室，对我说道：

“晟豪，你这次获得了全校第一。”

平均分 97.5 分，这是我有生以来得到的最高分。听到老师的话，我突然有了一种从来没有过的感觉，这次的全校第一或许是在为我不懈的努力正名。从小到大，我一直以为，全校第一是别人的事情，和我不会有任何交集。自从摆脱了游戏中毒症，我不断努力，终于得到了这样的成绩，我无比高兴。当天晚上回家后，我刚准备把这个消息告诉父母，才发现原来他们已经从老师那里得到了通知。父母激动地对我说道：

“我们知道你能够做到！我们始终相信你！”

我觉得我的父母真的很伟大。即使在我玩游戏的时候，他们也全力支持我，当我表示想成为职业电竞选手后，妈妈甚至请求老师不再让我上晚自习……我的父母从不拿我和其他孩子做比较，也从没有对我说过要好好学习、少玩游戏的话。他们只是坚定不移地相信儿子，同时给予称赞和鼓励。我对父母充满了感激。

几天后，我邀请朋友们在我家里开了一场简单的派对。大家都是从小玩到大的朋友，他们对我获得的成绩感到非常高兴。但全校第一只不过是高考之前的一个数字，离高考还有一段时间，要做的事情还有很多。不过我已经充满了信心，一边思考着如何才能将自身潜力完全发挥，一边热情似火地继续走下去。

在高考前的最后一个假期——高三暑假，我一直去我们小区新开的阅读室学习。早上醒来后，我会先听网络课程，吃完早饭后去阅读室，中午回家吃饭后，会继续去那里读书。就像在学校上晚自习一样，我会在晚上 10 点回家，再听一节网络课程后睡觉。网络课程比较多，所以每天我都会听两节课。另外我一直在写计划表，将每天的计划有序安排。有时候遇到不懂的问题还想继续学习，但为了保持生活规律，我还是按时睡觉，第二天再想办法解决。

这是我有生以来过得最有意义的假期。只要保持这个节奏，我觉得考上延世大学或高丽大学完全没问题。高考 100 天倒计时早就过了，为了充实地过好剩下的每一天，我一直按照计划表生活。高考的日子终于来到了。我自认为是从职业电竞选手转型为优秀学生的成功范例，现在就只剩下用高考证明这一切。

语言：别人都说很容易，我为什么会觉得这么难……

数学：完全考砸，气死我了。

中午：安慰自己，只要在外语和科学探究领域得到高分，问题应该不大。

外语：高考前一直很自信，但还是错了几道题，听力也错了一道……

科学探究：做完生物 1 后时间不够。在最自信的物理 1 中错了 3 道题。出题委员太可恶了。为什么题要出得那么难！化学 1 和生物 1 勉强答完，物理 2 我都不知道哪道题答对，哪道题答错。

高考结束后，我的所有梦想瞬间破灭。我感到很失落。抱着一线希望回家上网分析了自己的分数，发现大学完全没戏。我立刻在网上寻找复读学院。

虽然失望，但我安慰自己，正式学习只不过几年，偶尔失败不算什么，而我现在学习热情高涨，我下定决心继续挑战，一定要成功。在成为职业电竞选手的路上，我已经失败过一次，我不想在高考上继续失败，我不想让周围的人还把我当成以前的那个我。我想再努力一年，用华丽装点我的20岁。名牌大学固然重要，但更重要的是——我想成为让父母骄傲的儿子。

复读时期：Funny学习！快乐学习！

我顺利通过了首尔江南钟路复读学院的遴选考试。这是我第一次离开家独自生活，当时我的头脑中充满了对学习的热情，根本没有担心的想法。我在学院周围找到考试院[1]登记后住了进去。

房间里没有电脑，只有电视，我要求将房间里的电视撤掉。我身上只有高考结束后买的一部手机和MP3播放器。在去学院上课的时候，我会将手机留在房间，深夜回到家后，我才和父母通话，偶尔会给朋友打电话。

现在回想起来和妈妈的通话应该算是一种“电话客卿”。每次打完电话，我都会充满信心和动力。

在学院里，我主动申请当班长，其中最大的理由是当班长可以培养在众人面前说话和指挥的能力。另外，我还想约束自己，认真学习，成为同学们的榜样。我想得没错，班长这个职位果然帮助我变得积极主动，对自己要求更加严格。现在回想起来，当时充满能量、认真学

[1]韩国专门为准备公务员考试或高考的考生而设的居所。

习的我有点不可思议。或许是父母的激励和我对学习的热情给我带来了力量。

我还是像以前一样认真地写计划表，并贴身保存。有时候即使忘带书，计划表却24小时一直带在身边。其他同学们都感到好奇，甚至有人开口询问。现在已经找不到在复读初期使用的计划表。不过高考100天倒计时计划表，直到现在我还保存着。

选择好学院的决定非常正确，这里的老师水平很高。这些对高考最了解的老师们向我们介绍了最实用的资料、知识和信息。上课时认真听课，自习时认真复习，还要做各种题。我每天过得都很充实。假如在上课的时候打瞌睡，我就会站起来走到教室最后站着听课。自习的时候如果累了，我就会趴在桌上休息十到十五分钟。是因为对学习的热情还是因为强大的精神力？只要睡十多分钟，我就会变得非常清醒。与上大学时稍微松懈，在图书馆睡一两个小时相比，复读时期的我真是令人不可思议。

时间一天天过去，很快就到了八月。天气越来越热，越来越潮湿，这令很多同学感到非常疲惫。有的学生因为无法提高成绩而烦恼，犹豫是否继续坚持，学院的学习氛围受到了一些影响。但我还是一如既往地继续我的生活模式，在备有空调、非常舒适的学院里待上一天，直到深夜才回家睡觉。每次的模拟考试成绩有高有低，不过我并不担心。我觉得只要坚持下去，成绩必然会上升，真正决定成败的是高考。我努力打好基础，减少失误，并坚持写错误笔记。后来，我又将最近7年出的模拟考试和高考题都打印出来，反复练习。遇到不懂的问题，我会去问老师，或者去网站听免费的讲座，巩固自己的实力。

高考一天天接近。对自己的付出进行检验的时刻就要到了。我在计划表上写的是全部科目都获得满分，我带着明确的目标和梦想去努力着。每时每刻，我都会盯着我的目标，用它来激励自己。

在高考前一天，妈妈来到了首尔。我们一起吃晚饭，因为考试院的房间太小，妈妈在附近的洗浴中心留宿。为了保持平时的生活规律，我还是复习了一小会儿，比平时睡得稍早。高考当日，随着闹钟的声音，我像往常一样吃完早点并准备便当，然后带着轻松的心态与妈妈一起去了考场——世宗高中。或许是因为高考，前面的道路一片畅通。在学校前，很多学弟学妹们为前辈加油助威。一年一次的高考真像是历史性的日子……在妈妈的鼓励声中，我自信地走进了考场。我通过表象训练放松心情，以饿虎扑食的气势等待着考卷。

第一场是语言领域的考试。或许因为是高考，题目稍微有难度，不过凭借之前积累的实力，我还是全部答出来了。第二场，数学领域的考试相对轻松。还剩 15 分钟的时候，我已经做完所有试题。为了避免出现失误，我仔细检查和思考，自认为非常完美。不出意外，应该能得到满分。

中午，简单吃完带来的便当后，我再次回到教室，等待着后面的考试。第三场，外语领域的考试非常幸运，我在 17 道听力题中没有遇到困难，全部答出来。这给思考其他题目争取了时间。我对外语领域一直很有信心，所以除了两三道题稍微没有把握外，其他都很顺利。第四场，科学探究领域的考试，我最有信心。我平常一直在做快速答题的训练，所以完全不担心。我耐心地答完物理 1、化学 1、生物 1 和物理 2。虽然在物理 2 中遇到了一些困难，不过我还是顺利填完了答题卡。

终于结束了。我将复读一年积累的实力完全发挥出来，现在只需要等待结果。我感到十分轻松，彷佛卸下了心中的一块大石。走出学院后，我微笑着奔向妈妈。后来她告诉我，大部分孩子从考场出来的时候都哭丧着脸，只有我是笑着出来的。我回到宿舍收拾行李，并通过写在准考证背后的答案给自己打了分。满分 500 分中，我大概得到了 460 分，比上一次高考整整提高了 80 分，我很高兴。

在高考分数出来之前，我还报名参加了钟路学院的首尔大学论述与口试特别班，一边上课一边等待高考成绩。

发布高考成绩的时间很快到了，我亲自去首尔江南教育厅拿到了自己的成绩单。这是我有生以来发挥最好的一次考试。我写在计划表中的目标基本上都实现了。凭借这个分数，考入延世大学、高丽大学、还是首尔大学都没问题。几天后，填报高考志愿表的时候到了。我在第一志愿上填了“延世大学电子电气工程专业”，第二志愿填了首尔大学电子与计算机工程专业，第三志愿没有填报。周围的人劝我报医科大学，不过我对医学并不感兴趣。之后，我收到了延世大学面试合格的通知书。我将这个喜讯通过电话告诉了父母，他们也非常高兴。再加上我的数学和科学探究领域排在第一等级，所以会获得理工系国家全额奖学金，听到这个消息，父母激动地流下了眼泪。在首尔大学，我没有通过最终口试，这让我有一点小小的遗憾。但只花了不到三年的短暂努力就能得到这样的结果，我觉得很满意，对这件事不怎么在意。

大学生活开始了。作为20岁的成年人，这只不过是人生的第一站。任何困难我都不怕，因为我始终相信给我力量和勇气的父母，我有战胜任何困难的自信。我的梦想，现在起航！

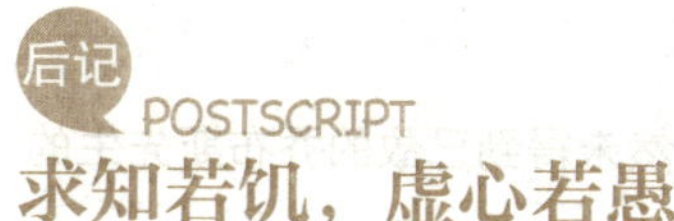

后记 POSTSCRIPT

求知若饥，虚心若愚

正在为书的收尾工作而忙碌的时候，突然听到一个让人难过的消息——苹果公司创始人史蒂夫·乔布斯因病去世，这让我感到十分惊讶。一个从未谋面的外国人去世为什么会让我如此震惊，如此思潮起伏……

事实上，并不是只有我才有这样的感觉。电视和报纸连续数天都在报道他去世的消息，人们纷纷悼念。从这一点上看，他并不仅仅是提升了我们生活质量的人，他应该为我们留下了某种巨大的遗产。那究竟是什么呢？

有人说是创意，是革新。我觉得，那些被现实所束缚，每天身不由己的人们对他痴迷的原因，或许是他像一个为追求梦想而走在沙漠中的旅行者，虽然眼前尽是荒凉，但他始终相信自己最终能够到达美丽的大海，并为此而勇往直前！

之所以要在本书的最后谈论史蒂夫·乔布斯，是因为我迫切希望我的孩子能够向他学习。就算遇到惨痛的失败，我还是希望孩子们不被父母和社会的期望所累。我希望他们追逐自己的梦想，勇敢地去旅行，开创属于自己的人生。

我一直烦恼用什么样的话来结束本书，虽然未得到已故的乔布斯先生的允许，我还是打算用他在斯坦福大学毕业典礼上的演讲稿中的最后一段话作为结束语。其中包含着我想对孩子们说的话，想对读这本书的所有父母说的话。

你们的时间很有限，所以不要将他们浪费在重复其他人的生活上。不要被教条束缚，那意味着你和其他人思考的结果一起生活。不要被其他人喧嚣的观点掩盖你内心真正的声音。还有最重要的是，你要有勇气去听从你直觉和心灵的指示——它们在某种程度上知道你想要成为什么样子，所有其他的事情都是次要的。……求知若饥，虚心若愚。

我相信我的孩子，还有我们的孩子们，会成为向着只属于自己的梦想前进的幸福的人。

图书在版编目（CIP）数据

没关系，妈妈相信你 / (韩) 金玟暻，(韩) 洪晟豪著；姜龙极译. —南京：江苏文艺出版社，2013. 12

ISBN 978-7-5399-6892-6

Ⅰ. ①没… Ⅱ. ① 金… ②洪… ③姜… Ⅲ. ①家庭教育 Ⅳ. ①G78

中国版本图书馆CIP数据核字(2013)第291631号

江苏省版权局著作权合同登记：图字 10-2012-224 号

书　　名	没关系，妈妈相信你
著　　者	[韩] 金玟暻　洪晟豪
译　　者	姜龙极
责任编辑	蔡晓妮
特约编辑	刘艳春　秦　蕊
文字校对	文艳丽
封面设计	咖啡豆
出版发行	凤凰出版传媒股份有限公司 江苏文艺出版社
出版社地址	南京市中央路165号，邮编：210009
出版社网址	http://www.jswenyi.com
经　　销	凤凰出版传媒股份有限公司
印　　刷	北京兆成印刷有限责任公司
开　　本	700毫米×1000毫米 1/16
印　　张	14.5
字　　数	158千字
版　　次	2013年12月第1版 2013年12月第1次印刷
标准书号	ISBN 978-7-5399-6892-6
定　　价	32.00元

IT'S OK,
I BELIEVE YOU